高校知识产权
贯标策略及实务

IP

付坤　李建伟　乔冠宇 ▶ 等著

知识产权出版社
全国百佳图书出版单位
—北京—

图书在版编目（CIP）数据

高校知识产权贯标策略及实务 / 付坤等著. —北京：知识产权出版社，2022.12
ISBN 978-7-5130-8493-2

Ⅰ.①高… Ⅱ.①付… Ⅲ.①高等学校—知识产权—管理—研究—中国 Ⅳ.① D923.404

中国版本图书馆 CIP 数据核字（2022）第 233643 号

内容提要

本书以解决高校贯标实际问题为宗旨，对高校实施知识产权贯标的背景、意义、作用、路径、预期目的、标准条款难点把握等进行系统论述，解答了贯标费用、贯标流程、制度建设等实际操作问题；采用高校知识产权案例进行解读和诠释，方便读者理解。

本书适合政府机构知识产权管理部门、高等院校、知识产权贯标认证机构及辅导机构相关人员阅读。

责任编辑：龚　卫　　　　　　　责任印制：刘译文
执行编辑：王禹萱　　　　　　　封面设计：张国仓

高校知识产权贯标策略及实务
GAOXIAO ZHISHI CHANQUAN GUANBIAO CELÜE JI SHIWU

付　坤　李建伟　乔冠宇　等著

出版发行：知识产权出版社有限责任公司	网　　址：http://www.ipph.cn
电　　话：010-82004826	http://www.laichushu.com
社　　址：北京市海淀区气象路50号院	邮　　编：100081
责编电话：010-82000860转8120	责编邮箱：gongwei@cnipr.com
发行电话：010-82000860转8101	发行传真：010-82000893
印　　刷：三河市国英印务有限公司	经　　销：新华书店、各大网上书店及相关专业书店
开　　本：720mm×1000mm　1/16	印　　张：16
版　　次：2022年12月第1版	印　　次：2022年12月第1次印刷
字　　数：240千字	定　　价：88.00元

ISBN 978-7-5130-8493-2

出版权专有　侵权必究
如有印装质量问题，本社负责调换。

序

　　高校是国家创新体系的三大主体之一,是科学研究和技术开发的重要阵地,同时也是知识产权创造、保护、运用和管理的重要主体。[1]为有效解决高校知识产权管理规范化、体系化难题,规避知识产权运营管理中的潜在风险,促进知识产权运用,国家知识产权局、教育部、中国标准化研究院组织编写了《高等学校知识产权管理规范》(GB/T 33251—2016),作为规范高校知识产权管理的一种创新尝试,希望以全过程管理的方式,引导高校建立有效的知识产权运营管理体系。

　　知识产权运营管理是高校创新管理的基础性工作和职务发明成果转化的关键环节。2020年,教育部、国家知识产权局、科技部发布《关于提升高等学校专利质量 促进转化运用的若干意见》(教科技〔2020〕1号),指出要"积极贯彻《高等学校知识产权管理规范》(GB/T 33251—2016),形成科技创新和知识产权管理、科技成果转移转化相融合的统筹协调机制"。该意见提出到2022年,高校知识产权全流程管理体系更加完善,并与高校科技创新体系、科技成果转移转化体系有机融合的建设目标。2020年3月国家知识产权局发布《国家知识产权试点示范高校建设工作方案(试行)》中指出:"强化知识产权全流程管理。贯彻实施《高等学校知识产权管理规范》(GB/T 33251—2016)国家标准,结合高校知识产权管理现状和需求,明确与高校战略目标相一致的

---

[1] 邢战雷,马广奇.陕西高校知识产权贯标创新实践的思考[J].科技管理研究,2018,38(18):157-163.

知识产权工作目标，建立科学、规范、系统的知识产权管理体系，确保知识产权管理活动的适宜性和有效性。"2021年6月8日，国家知识产权局办公室、教育部办公厅发布的《高校知识产权信息服务中心建设实施办法（修订）》（国知办发服字〔2021〕23号）第十二条第四项规定，在同等条件下优先考虑已贯彻落实《高等学校知识产权管理规范》国家标准的高校。可见，国家有关部委对高校推行知识产权贯标工作还是非常积极、肯定和迫切的。

在此背景下，为实现高校知识产权建设目标，高校亟须开展知识产权贯标工作，使高校知识产权全流程管理体系更加完善，并与高校科技创新体系、科技成果转移转化体系有机融合，对于激发高校创新活力、完善知识产权运营管理体系、促进科技成果转化具有重要意义。在《高等学校知识产权管理规范》公布实施超过5年的时间里，从公开的报道中，可以查到包括知名院校在内的全国50多所高校都先后启动了贯标工作，并开展了前期诊断、培训、宣贯等工作，但"雷声大、雨点小"，截至2022年3月，全国仅有10余所高校通过了审核认证，而同期全国累计有4万多家企业通过知识产权贯标认证，可见，高校的知识产权贯标工作相对来说是严重滞后的。

当前，一些高校也有贯标的需求，但在实际操作中会遇到各种各样的难以解决的问题。比如，从学校高层管理者来说，一些高校领导对贯标工作心存疑虑，如贯标对学校有什么意义，能带来什么用处，是否像高校教学审核评估那样翻天覆地地牵涉整个学校领导和院系太多的时间和太大的精力，如果这些思想认识问题无法解决，校领导就难以下定决心开展贯标工作；从学校中层部门领导来说，如校科研处有贯标的想法或者上级知识产权管理部门动员高校开展贯标工作，但管理部门不了解有关贯标的流程、费用、运行、监审等实际操作问题，身边也几乎无人或无服务机构能完整地给予解答，那么高校感到有心无力，此项工作也就不了了之；还有一些已经启动贯标的高校，在实际推动运行过程中，会遇到部门职责分配、选择知识产权服务支撑机构、部门院系抵触、工作不配合、领导职务变动及条款理解不到位等一系列现实问题，致使贯标认证工作步履蹒跚，难以进入现场审核认证阶段，导致证书无法获批。

因此，广大高校、知识产权辅导机构、认证机构人员都迫切需要一部能够指导高校知识产权贯标实践、解决高校贯标遇到的实际问题和引导辅导机构顺利开展贯标辅导工作的著作，消除高校、辅导机构、认证机构三者之间角色定位、思维定式的认知偏差，达到彼此间信息共享、顺利沟通、共同完成贯标认证的目标，推动高校知识产权贯标工作的顺利执行，为我国的知识产权强国建设事业做出贡献。

目前关于高校知识产权贯标的专著、论文等研究成果较少，有些仅涉及《高等学校知识产权管理规范》本身的条款解读，或侧重于分析高校知识产权管理的现状及困境，忽略了高校与贯标辅导机构、认证机构之间的信息互动不畅和信息不对称障碍，没有分析高校在贯标过程中遇到的问题和疑惑，更没有具有可操作性的实务流程指导。因此，《高校知识产权贯标策略及实务》一书，不仅可以解决高校开展贯标过程中的标准理解与贯彻实施之间顺利衔接的理论问题，还通过标准的解读、案例的生动阐述、实务操作流程问答等为高校顺利开展知识产权贯标工作提供实践指导，具有重要的理论和现实意义。

中国知识产权研究会秘书长

前 言

习近平总书记在中央政治局第二十五次集体学习时强调:"全面加强知识产权保护工作,激发创新活力,推动构建新发展格局。"高校是国家创新体系的三大主体之一,是科学研究和技术开发的重要阵地,是落实习近平总书记关于全面加强知识产权保护工作、激发创新活力推动构建新发展格局重要指示的主体,也是发明成果创造、保护、运用和管理的重要载体。

为有效解决高校知识产权管理落后、职务发明成果转化严重阻滞的难题,国家知识产权局、教育部、中国标准化研究院组织编写了《高等学校知识产权管理规范》(GB/T 33251—2016)作为规范高校知识产权管理的一种创新尝试,它融合了国内外高校知识产权管理运营中的成功经验和失败教训,是对优秀高校知识产权管理运营实践的凝练和提升。这个规范以全过程管理的方式,引导高校建立有效的知识产权运营管理体系。

《高等学校知识产权管理规范》(GB/T 33251—2016)倡导高校应建立自上而下的知识产权管理机制和体系,在学校层面设立知识产权管理委员会,在自然和人文学科、课题组中设立知识产权专员,从人力资源管理、学生管理、财务管理等方面进行全面的规范管理,特别是提出在科技创新的选题、立项、实施、结题、成果转化等过程进行科研成果立项前情报分析、专利侵权规避、专利布局、专利分级管理,中期专利许可转让备案,后期技术改进权属、预期收益约定等方面全流程的风险把控,并借鉴了ISO质量管理体系等成功的标准化管理体系的方式,将知识产权目标进行分解、检查、绩效评价和评估改进,继而从角色定位和法律责任方面厘清学校、院系、知识产权服务机构、发明人的权益关系，通过系统的知识产权管理程序和制度文件，规范高校知识产权管理和运营行为，最大限度地规避高校职务发明成果运营过程中可能出现的各类法律风险，从而提高高校科技创新能力，促进科技创新成果的价值实现。

高校知识产权工作是区域知识产权战略和知识产权强国建设的重要组成部分。知识产权管理是高校创新管理的基础性工作，也是高校职务发明成果转化的关键环节。2020年3月，国家知识产权局、教育部在全国确定了30家知识产权示范高校、80家知识产权试点高校，并提出了"着力提升知识产权高水平管理能力、着力提升知识产权高质量创造能力、着力提升知识产权高效益运用能力、着力提升知识产权高标准保护能力"四大任务。这些任务在《高等学校知识产权管理规范》中得到体现和覆盖，并且示范/试点高校也被明确要求"贯彻实施《高等学校知识产权管理规范》（GB/T 33251—2016）国家标准"。可以说，为完成高校示范、试点任务，推行高校贯标基本可以实现其中95%的目标任务。

中共中央、国务院2021年9月印发的《知识产权强国建设纲要（2021—2035年）》提出，改革国有知识产权归属和权益分配机制，扩大高校知识产权处置自主权，推动高校健全知识产权管理体系，鼓励高校建立专业化知识产权转移转化机构。该纲要为推动高校专利转移转化提出了新的奋斗目标，进一步明确了实现路径。

推行高校贯标，最终获得第三方认证，可以检验高校知识产权管理体系运行的有效性，是高校知识产权规范化、科学化运行和管理的权威标志。但我们要清醒地认识到，高校贯标不可能是一剂包治百病的"良药"，也并不是只要高校通过了贯标，知识产权转化就可以立竿见影、成果丰硕。因为，高校知识产权贯标与高校知识产权转化之间不是因果关系。但是，贯标可以帮助高校回归知识产权获取的初心，建立一个行之有效的知识产权管理体系，教给高校知识产权创造、转化、保护的思维方式和路径，降低高校在科研、转移转化、项目管理及合同签订过程中的知识产权风险，培育一支懂知识产权、懂法律、懂界定知识产权权属边界的复合型知识产权中介经纪人队伍，促进高校知识产权科学的获取、运用和保护的顺利高效开展，为高校提高科技创新能力、促进科技创新成果的价值保驾护航、添火加薪。

　　本书工作团队分工如下：付坤撰写第一章"高校知识产权工作现状及实施贯标的意义"、第二章"高校知识产权贯标的实施策略与关键点"及第五章《高等学校知识产权管理规范》问答"，共计6.2万字；李建伟撰写前言和第四章"《高等学校知识产权管理规范》标准解读及案例"，共计5.6万字；乔冠宇、李丹颖、夏勇辉撰写第三章"高校知识产权贯标的操作流程"及附录，共计11万字；吴瑞格、孙平、王倩、徐梦雨、李世洋、李明康、刘腾飞、郑婉云等对本书的审校做出了贡献。

　　最后需要说明的是，本书是商丘师范学院承担的河南省知识产权软科学研究计划项目"高校知识产权贯标实施路径设计及优化"（项目编号：20220106008）、河南省高校人文社会科学研究一般项目（项目编号：2023-ZZJH-029）的研究成果，期间得到了河南省知识产权局有关领导的悉心指导，知产（北京）认证服务有限公司、河南中州知识产权文化传播中心、方圆标志认证集团有限公司等有关单位专家、学者以及知识产权从业人员积极参与撰写和审校，并进行了扩展和完善，在此一并表示衷心的感谢！

目 录

第一章 高校知识产权工作现状及实施贯标的意义 ………… 001

 第一节 现阶段高校知识产权工作现状与挑战 ………… 002
  一、高校知识产权创造现状与挑战 ………… 002
  二、高校知识产权管理现状与挑战 ………… 008
  三、高校知识产权运用现状与挑战 ………… 013
  四、高校知识产权保护现状与挑战 ………… 021
 第二节 高校知识产权贯标的意义 ………… 023
  一、贯标能促使科技创新回归初心 ………… 023
  二、贯标能促进科技成果转移转化 ………… 025
  三、贯标可建立高校知识产权管理体系 ………… 025
  四、贯标可为高校规避知识产权相关风险 ………… 027
  五、贯标可培养复合型知识产权运营人才团队 ………… 027

第二章 高校知识产权贯标的实施策略与关键点 ………… 028

 第一节 高校知识产权贯标顺利启动的"三要素"策略 ………… 028
  一、"天时"策略——高校开展贯标工作正当时 ………… 028
  二、"地利"策略——协调整合好高校各类知识产权资源 ………… 029
  三、"人和"策略——积极主动沟通取得校领导支持 ………… 030

第二节　采用重点突破、循序渐进的策略 …………………………… 031
第三节　贯标辅导机构的选择策略 ……………………………………… 033
第四节　高校知识产权贯标的关键点 …………………………………… 034
　　一、高校知识产权贯标的条件 ……………………………………… 034
　　二、高校知识产权贯标的重点 ……………………………………… 034
　　三、高校知识产权贯标的难点 ……………………………………… 036
　　四、高校知识产权贯标的风险点 …………………………………… 041

第三章　高校知识产权贯标的操作流程 …………………………… 043

第一节　贯标实施过程中高等院校操作流程 …………………………… 043
　　一、高校贯标总体流程 ……………………………………………… 043
　　二、高校贯标流程主要环节示意图 ………………………………… 044
第二节　高校贯标需要给认证机构提交的材料 ………………………… 044
　　一、"申请包"的内容 ……………………………………………… 044
　　二、高校知识产权管理体系认证申请书的填写 …………………… 049
　　三、高校程序制度文件的制定 ……………………………………… 052
　　四、高校知识产权管理体系标准条款的理解 ……………………… 064
　　五、知识产权管理职责分解 ………………………………………… 069
第三节　贯标实施过程中认证机构操作流程 …………………………… 110
　　一、审核的启动 ……………………………………………………… 110
　　二、审核活动的准备 ………………………………………………… 113
　　三、审核活动的实施 ………………………………………………… 120
　　四、审核报告的编制和分发 ………………………………………… 130
　　五、审核的完成 ……………………………………………………… 131
　　六、审核后续活动的实施 …………………………………………… 132

第四章 《高等学校知识产权管理规范》标准解读及案例 …………… 133

第一节 文件管理 …………………………………………………… 133
一、文件类型 ……………………………………………………… 133
二、文件控制 ……………………………………………………… 134

第二节 组织管理 …………………………………………………… 135
一、校长 …………………………………………………………… 135
二、管理委员会 …………………………………………………… 136
三、管理机构 ……………………………………………………… 137
四、服务支撑机构 ………………………………………………… 139
五、学院（系）…………………………………………………… 142
六、知识产权顾问 ………………………………………………… 147

第三节 资源管理 …………………………………………………… 147
一、人力资源 ……………………………………………………… 147
二、财务资源 ……………………………………………………… 157
三、资源保障 ……………………………………………………… 158
四、基础设施 ……………………………………………………… 159
五、信息资源 ……………………………………………………… 161

第四节 知识产权获取 ……………………………………………… 163
一、自然科学类科研项目 ………………………………………… 163
二、人文社会科学类科研项目 …………………………………… 170
三、其他 …………………………………………………………… 172

第五节 知识产权运用 ……………………………………………… 174
一、分级管理 ……………………………………………………… 174
二、策划推广 ……………………………………………………… 175
三、许可和转让 …………………………………………………… 177
四、作价投资 ……………………………………………………… 178

第六节　知识产权保护 …………………………………… 180
　　一、合同管理 …………………………………………… 180
　　二、风险管理 …………………………………………… 182
第七节　检查和改进 ……………………………………… 183
　　一、检查监督 …………………………………………… 183
　　二、绩效评价 …………………………………………… 184
　　三、改进提高 …………………………………………… 185

第五章　《高等学校知识产权管理规范》问答 …………… 186

第一节　贯彻实施类问答 ………………………………… 186
　　一、政策法规方面 ……………………………………… 186
　　二、操作流程方面 ……………………………………… 187
　　三、条款理解方面 ……………………………………… 192
第二节　高校知识产权贯标认证机构问答 ……………… 197
　　一、我国高校知识产权贯标认证机构有哪些 ………… 197
　　二、如何查询知识产权贯标认证机构资质 …………… 199
　　三、做过高校知识产权贯标认证的认证机构 ………… 199
　　四、我国哪些高校通过知识产权贯标认证 …………… 199
　　五、高校知识产权贯标认证机构审核的基本方法 …… 201
第三节　高校知识产权运营类问答 ……………………… 202
　　一、专利申请前评估制度如何落实 …………………… 202
　　二、高校在专利运营过程中如何对现有专利进行分级管理 … 203
　　三、如何在校企结合中体现专利转化等指标 ………… 204
　　四、高校通过贯标是否就可以迅速提高高校的专利转化效果 … 204
第四节　高校监督审核常见问题解答 …………………… 205
　　一、什么是监督审核 …………………………………… 205
　　二、高校为什么要做监督审核 ………………………… 205

三、认证机构什么时候通知高校进行监督审核 ········· 206
四、监督审核的流程有哪些 ········· 206
五、监督审核中高校需要提交哪些材料 ········· 207
六、监督审核的现场审核的安排有哪些 ········· 207
七、监督审核是否需要辅导机构参与 ········· 208
八、高校贯标证书变更流程 ········· 208
九、什么时候开具监督审核费用的发票 ········· 208
十、监督审核与初审有什么不同 ········· 209
十一、现场审核完成后什么时候颁发认证证书 ········· 209

参考文献 ········· 210

附 录 ········· 211

附录一 高等学校知识产权管理规范（GB/T 33251—2016） ········· 211
附录二 知识产权管理体系认证合同 ········· 221
附录三 教育部 国家知识产权局 科技部关于提升高等学校专利质量促进转化运用的若干意见（教科技〔2020〕1号） ········· 229
附录四 国家知识产权试点示范高校建设工作方案（试行） ········· 233

第一章 高校知识产权工作现状及实施贯标的意义

2008年《国家知识产权战略纲要》颁布后,到2017年我国专利经历了"黄金十年"。各地纷纷出台专利财政资助政策,许多地方政府都把专利申请量列为考核指标,在大量企业专利"消零"的优惠政策催生下,各地专利数量快速增长,高校专利数量也呈现"爆发式"增长,经历了从无到有、从少到多的历程,奠定了我国高校知识产权工作的初步基础。但大量低质量的高校专利产出偏离了专利制度的初衷,高校专利"重数量、轻质量,重申请、轻实施"的现象,扰乱了高校正常的科研风气,挤占了宝贵的科研经费及资源,而且每年高昂的专利维持年费,成为高校沉重的经济负担。

与此同时,高校专利工作也出现了两个极端现象:一方面是中西部大量高校面对世界迈入知识经济时代却尚未充分认识到专利为何物,高校依然是"轻专利、重论文",专利数量少得可怜,跟不上现代社会和经济对高校科研教学、人才培养、文化传承的要求和希望;另一方面却是发达地区高校和中西部少量较早"觉醒"的高校,专利数量迅猛增加,但获得转移转化的专利特别少,专利转化出现"肠梗阻",大量以职称评定为目的的专利,职称评定结束之后被束之高阁,进入"休眠沉睡"状态,或者放弃缴费使其成为"短命专利"。高校专利出现以上"怪现象",概括起来主要有以下三个方面原因:一是科研人员申请专利的动力主要来自评职称的需求,而非出于市场需求;二是有关部门或学校在课题结项考核中往往只关注专利数量,缺乏有效监控专利后续实施效果的考核评价指标,项目或课题结束后,专利的命运和转化实施情况无人问津；三是专利技术实施的效益分配和国有资产的流转规则不明确，以致相关方都没有足够的意愿和动力来推动专利转化实施。

2020年2月，科技部、教育部、国家知识产权局出台的《关于提升高等学校专利质量 促进转化运用的若干意见》对高校知识产权管理体系的建设和完善进行了全面指导，其中规定高校不能用财政资金申请专利，相当于给高校"过热"的专利申请踩了刹车。随着科技部、教育部加快高校科技成果转化的迫切要求，国家知识产权局提出培育高价值专利的倡议，让高校专利申请回归高校科研的初心，专利申请趋于理性，以市场需求、产学研为导向来申请专利的理念开始逐渐被越来越多的高校所认知和接受。特别是《高等学校知识产权管理规范》的出台，更是为高校知识产权高质量获取、运营、管理和保护指明了路径和方向，知识产权科学发展的理念正在逐渐深入人心，成为高校的主流认知，并在提高高校专利产出质量、促进专利转移转化方面发挥积极的作用。

第一节 现阶段高校知识产权工作现状与挑战

一、高校知识产权创造现状与挑战

在2008—2017年我国专利申请的"黄金十年"，每年专利申请"超百件""超千件"的高校不断涌现。但不可否认的是，我国大多数高校对专利的认识观念还是十分迷茫和滞后，这与高校办学理念、学科设置，特别是研发模式有较大的关系。

（一）多数高校专利数量偏少

国家知识产权局发布的《2019年中国专利调查报告》显示，我国高校和科研单位的主要研发模式为"从事基础研究，专利数量不多，对外许可较少"，占比为69.7%（如表1-1所示），也就是说近七成的基础研发没有专利的产出。

通过对660所高校的调查结果显示，高校申请专利的比例较低，科技成果申请专利比例在10%以下的占比为56.6%。即一半以上的科研成果高校并不采用申请专利来进行保护。

表1-1 高校与科研单位的研发模式占比   单位：%

研发模式	高校	科研单位	总体
在自己常规科研项目中，发现好的技术方案获得专利，并设立企业进行产业化	25.5	38.8	32.3
积极与相关企业接洽，根据企业委托从事专题研究，合作生产产品	39.2	61.7	50.8
从事应用研究，获得大量专利，对外许可并获得收益	11.0	14.1	12.6
从事基础研究，专利数量不多，对外许可较少	69.7	48.3	58.7
合计	145.4	162.9	154.4

注：有效数据量为：高校、科研单位分别为660所和301所，总体为961所。

数据来源：赵紫如.我国"双一流"高校知识产权创造能力评价研究［D］.贵阳：贵州财经大学，2021：18.

（二）高校高价值专利数量偏少

当前高校在我国企事业单位里发明专利数量偏多，是发明专利产出的"主力军"之一，但高价值专利数量偏少。以某大学为例，对其2017年年底获得授权的272件专利进行分级评估，高价值的专利仅占5.1%。其计算评估方法如下：

该校参考现有专利价值评估理论计算模型，专利价值度（PVD）的计算公式为"$PVD=\alpha \cdot LVD+\beta \cdot TVD+\gamma \cdot MVD$，其中，LVD为法律价值度，TVD为技术价值度，MVD为市场价值度，α、β、γ为回归系数"。

根据高校专利的实际情况及现有的技术评价能力，将评价指标调整简化至9项（如表1-2所示），通过专家打分、市场调研、数据统计等方式给出每个评价指标的分值，对该大学授权专利进行价值评估。每项指标采取百分制，并赋予相应的权重，归一化处理后，专利价值评分范围为 0 ~ 100 分。

表 1-2　专利价值影响因素及指标体系

专利价值	法律价值	1. 专利许可状况	评分 1
		2. 稳定性	评分 2
		3. 有效期	评分 3
	技术价值	4. 技术成熟度	评分 4
		5. 先进性	评分 5
		6. 可替代性	评分 6
	经济价值	7. 当前市场应用情况	评分 7
		8. 市场应用规模前景	评分 8
		9. 技术可实现性	评分 9

该大学现有专利评估结果统计如表 1-3 所示，将专利价值评分设为 100 分满分，专利价值在 0 ~ 50 分的三级专利有 221 件，占比高达 81.3%，在 51 ~ 75 分的二级专利占 13.6%，而 76 ~ 100 分的高价值一级专利仅占 5.1%。可见高校专利虽然多，但高价值专利数量还是偏少的。

表 1-3　专利价值评分

专利价值评分	相应分值的专利数 / 件	占专利总数比值 /%	价值等级
0 ~ 50	221	81.3	三级
51 ~ 75	37	13.6	二级
76 ~ 100	14	5.1	一级

（三）高校专利转移转化数量少

国家知识产权局发布的《2019 年中国专利调查报告》显示，"从事应用研究，获得大量专利，对外许可并获得收益"的研发模式，仅占 11%（见表 1-1）。也就是说，参与调查的 660 所高校中仅有 11% 的专利获得了转化。究其原因，在于高校教职员工的专利获取，不是以市场需求为导向，不是以企业需求为出发点，而主要是为了评职称需要。这样闭门造车编出来的专利，许多都只是实验室里能做出样品，但如果大规模量产应用，就存在工艺、效率、成本、环保等难题，没有经济价值，也缺乏实用性。因此，高校专利"转化难"也就不难理解了。

（四）校企合作的应用型科研少

高校专利转化数量少，其主要原因之一在于校企合作的应用型科研少。如安徽某学院2021年与本地企业进行了60个产学研合作，学校到账资金800多万元，但双方的合作合同文件中几乎没有提到专利权属约定内容，甚至连专利发明人署名都没有，更没有专利产业化后利益分配条款。在产学研合作中，这所学院的教师完全漠视了知识产权的存在及价值。

当然，该数据仅仅反映了该学院个别统计现象，但这也是国内许多高校的现状，即很多高校的教职员工漠视市场需求，关起门来搞科研，没有和企业开展真正的应用型、产业化的产学研活动。

（五）应用型科研方向出现偏差

高校专利转化率低，还有一个重要的原因在于高校应用型科研方向出现了偏差，体现在高校主要专利技术领域与地方产业契合度低。以某高校为例，对其申请专利的主要技术领域进行分析，统计其专利申请的IPC分类（国际专利分类表）的分布，选取数量排序前10的技术领域（如表1-4所示），主要涉及的领域包括：① A01G；② C07F；③ G09B；④ G01N；⑤ C07D；⑥ C12M；⑦ B43L；⑧ C02F；⑨ G06F；⑩ B01L。

表1-4　某高校专利主要技术领域分类（IPC）统计

技术领域分类号	该领域专利数量/件	占该校专利申请总数比例/%	全省高校该领域专利申请数量/件	占省内高校该领域专利申请数比例/%	在省内高校的排名
A01G	35	8.16	842	4.16	7
C07F	21	4.90	276	7.61	6
G09B	19	4.43	1538	1.24	28

续表

技术领域分类号	该领域专利数量/件	占该校专利申请总数比例/%	全省高校该领域专利申请数量/件	占省内高校该领域专利申请数比例/%	在省内高校的排名
G01N	15	3.50	2831	0.53	28
C07D	15	3.50	1016	1.48	16
C12M	11	2.56	361	3.05	9
B43L	10	2.33	299	3.34	10
C02F	10	2.33	705	1.42	18
G06F	10	2.33	1731	0.58	43
B01L	10	2.33	311	3.22	11

数据来源：根据 incopat 检索数据库整理。

2016—2018年，某市企业专利数量排名前10的专利技术领域（如图1-1所示）分别为：①运输或储存装置（B65G）；②分离（B01D）；③混合（B01F）；④固体干燥用方法或设备（F26B）；⑤机床零部件、通用机床（B23Q）；⑥连接的工具或台式设备（B25B）；⑦测量电或磁变量（G05F）；⑧利用物化性质分析材料（G01N）；⑨化学或物理方法及其有关设备（B01J）；⑩竖井、隧道、平硐、地下室（E21D）。

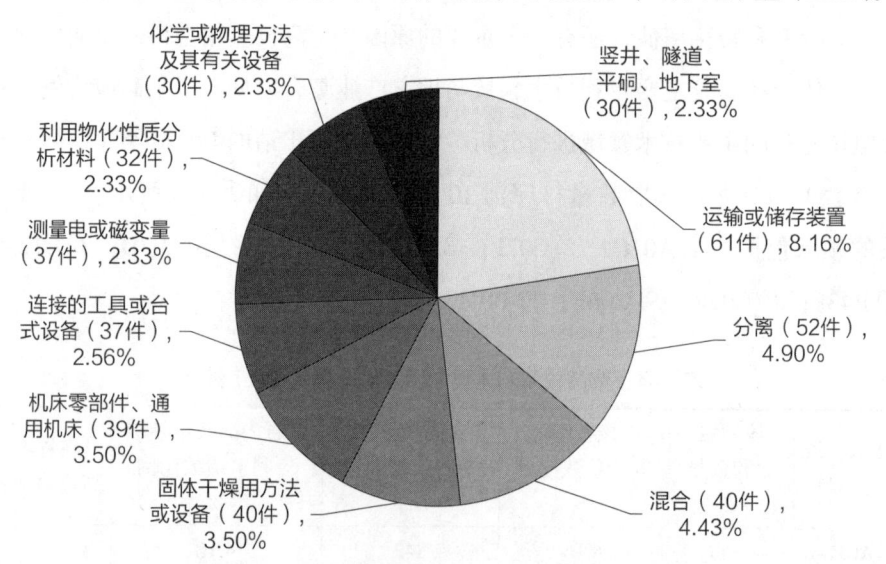

图1-1 某市企业排名前10的专利技术领域

数据来源：根据 incopat 检索数据库整理。

注：括号内的数字为专利数量。

通过对比以上统计数据，可以发现某高校与该市企业排名前10的专利技术领域重叠的仅有1个：G01N（利用物化性质分析材料）。这说明某高校专利主要技术领域与某市煤及煤化工、铝及铝深加工、机械制造、农副产品加工等主导产业基本没有契合度，那么该高校的专利在当地几乎就难以获得转化的空间。

（六）影响高校专利高质量产出的原因分析

影响高校专利高质量产出的原因，除了科研资源、平台、环境、条件和人员等客观原因外，应重点关注以下几个方面的内在原因。

1. 知识产权意识不强

知识产权意识不强，导致高校不注重知识产权的保护，同时影响专利的数量及质量。专利是科技成果的重要载体，是智力劳动的法律确权成果，同时也是开展科技合作、维权的重要抓手。在实际科研工作中，高校大部分教师重视发表论文，而忽视了申请专利，甚至对专利不甚了解。因此，专利工作滞后，科研成果易流失。此外，科研成果缺少了专利这个载体，会大大增加校企合作的难度，使专利难以真正走向应用，不利于高校专利成果转移转化。

2. 科研评价机制不健全

当前对教师科研项目的评定大多是参照研究型大学，科研工作和管理思路没有得到根本改变，通常是以申请项目的数量、级别、经费金额等来衡量，获得立项是硬指标。长期以来，科研工作重视立项管理，而不注重结项管理与成果应用，甚至许多项目结项没有专利获取的指标评价，缺少对成果应用的激励与评价机制，科技成果和专利停留在纸面上的居多，没有进一步孵化与实施，很难达到与产业化相结合的要求，使得高校专利成果转移转化率不高。

3. 缺少合理的科研规划

与科研实力强、争取上级科研项目机会多、项目申报成功率相对高的"双一流"高校相比，我国大多数高校还属于应用型高校，与"双一流"高校去拼基础研究没有太多的优势。现实中，高校科研与地方产业契合的专利较少，反映了应用型科研方向与地方产业实际需求有偏差，这与当前高校科研工作缺少合理规划有很大关系。大部分应用型高校科研工作重点不突出，长期沿用研究型大学的一贯做法，还要挤破脑袋与"双一流"高校去拼抢基础性研究项目、课题，导致应用型科研发展处于一种尴尬的境地：一方面，短期内很难产出有价值的应用型科技成果；另一方面，在基础研究领域与研究型高校相比又没有优势。

因此，多数普通高校应该调整办学和科研规划，把学科建设、专业设置、人才培养、科研合作的重点，放在如何促进区域产业和社会经济发展的应用型、实用型、改进型、提升型的技术研究上，立足于解决企业和产业遇到的实际技术问题，发挥优势和专长，攻克企业遇到的技术难关，促进区域产业转型升级，提质增效。

4. 没有真正深入企业了解需求

现实生产中，许多企业面临的并不是特别棘手的技术难题，而是因为企业人才、眼界和信息的缺失问题。这些问题企业难以克服，但对于拥有硕士、博士学位的高水平科研人才聚集的高校来说，很多都是整合技术资源、迎刃而解的问题，如开封市某汽车零部件生产企业，生产线上某工段采用人工拧螺丝的方式，生产效率低，导致生产线上的产品经常挤压拥堵。河南大学知识产权运营管理中心负责人和该企业对接了解情况后，很快就组织物理与电子学院教职员工用一个多月的时间为企业量身定制了一套机械手设备，计算机信息工程学院设计了计算机控制程序，机械手替代传统的人工作业，解决了生产线产品挤压、生产效率低的问题，企业使用后非常满意，以每套 25 万元的价格订购了 5 套产品。可见，企业有些需求并非一定是填补空白的高、精、尖技术，只需能解决企业遇到的技术难题。高校在其中可以探究实际技术问题，申请有创新价值的新专利并予以转化应用。这样的合作高校获得了科研经费，企业获得了经济效益，校企合作实现双赢，共同发展。

二、高校知识产权管理现状与挑战

知识产权是高校科技实力和科技水平的重要标志，是高校为国家科技、经济和社会发展服务的重要体现。当前，我国大多数高校的知识产权管理工作还沿用原来的行政管理模式，知识产权管理分散于众多部门中，碎片化管理使得知识产权创造、运营、管理等各个环节脱节，缺乏有机联系，这样极易造成知识产权保护与管理的空白地带。❶

（一）高校知识产权管理现状

1. 高校知识产权管理机构设置情况

国家知识产权局发布的《2020年中国专利调查数据报告》中，对735所高校进行了调查，如表1-5所示，建立了知识产权专职管理机构的比例为44.2%，建立了知识产权兼职管理机构的比例为45.7%，尚未建立知识产权管理机构的比例为10.1%。

表1-5 高校知识产权管理机构设置情况　　　　　　　　　　　单位：%

管理机构类型	高校知识产权管理机构设置情况
专职管理机构	44.2
兼职管理机构	45.7
尚未建立	10.1

2. 高校知识产权管理人员数量分布情况

在对高校从事知识产权工作的人员数量进行统计中，高校填写知识产权专职及兼职管理人员的情况如表1-6所示，大部分单位既有专职管理人员，也有兼职管理人员。在1097份样本中，无专职但有1~2名兼职知识产权管理人员的高校占比最高，为22.9%；其次是有专、兼职知识产权管理人员1~2人的高校占比为15.7%。

---

❶ 马志忠.高校知识产权纠纷的处理与防范[J].山东理工大学学报（社会科学版），2009，25（4）：46.

表 1-6　高校知识产权专职及兼职管理人员数量分布　　　　单位：%

专职人员情况	兼职人员情况						
	0人	1~3人（不含3人）	3~5人（不含5人）	5~10人（不含10人）	10~20人（不含20人）	20~30人（不含30人）	30人以上
0人	—	22.9	6.4	2.1	0.4	0.2	0.2
1~3人（不含3人）	8.5	15.7	5.7	4.9	2.6	0.6	0.8
3~5人（不含5人）	3.0	2.8	1.3	2.1	2.4	1.4	0.7
5~10人（不含10人）	1.2	1.2	1.3	2.0	2.7	1.0	1.1
10~20人（不含20人）	0.6	0.2	0.1	0.3	0.8	0.5	0.6
20~30人（不含30人）	0.1	0.0	0.0	0.0	0.5	0.2	0.2
30人以上	0.0	0.0	0.0	0.1	0.0	0.2	0.6

注：有效数据量总计为1097。

当前，许多高校知识产权日常管理工作大多设在校科研处，下设知识产权科或者办公室，设立1~2名专职、兼职人员负责学校的专利管理工作，但这些科室的工作仅仅是统计校方的专利，建立专利台账，或者委托校外知识产权代理机构托管，委托进行专利申请、撰写、缴费、审查答复等，维持一种低水平的日常管理。

3. 高校知识产权重管理轻服务

我国高校知识产权管理机构在运行模式上，大多数采取行政管理的方式，内容单一，手段落后，重管理、轻服务，基本上只负责制定政策、登记成果、管理专利费用缴纳等简单事务，很少能够提供专业化专利导航、合同审查、专利价值评估、知识产权运营等管理和服务，难以适应新时代对高校科研工作提出的更高要求。

4. 高校复合型知识产权管理人才缺乏

高校知识产权管理机构的职责和任务是非常繁重而细致的，包括依据相关法律法规制定符合本校实际的知识产权管理规章；实施知识产权管理工作；遴选知识产权服务支撑机构；给予项目负责人申请专利的建议，并审查评估相关资料，对需要申请专利的应当及时办理专利申请，对不宜申请专利的技术秘密要采取措施予以保护；对高校及其所属单位签订的知识产权合同进行审核和管理；对本校教职员工和学生申请非职务专利、登记非职务计算机软件著作权及进行非职务专利、非职务技术成果，以及非职务作品转让和许可的，进行审核；技术合作、技术入股等合同中的技术价值评估；对知识产权发明人的奖励措施建议及对本校违反知识产权管理规定人员的处理意见等，❶基本贯穿知识产权创造、管理、运用、保护和服务全链条。

根据调研结果显示，我国大多数高校从事专职知识产权管理的人员仅为个位数，还要承担除知识产权外的其他工作，并且很多管理人员都不是知识产权管理与服务的专业人员。

我国这种复合型知识产权管理专业人才极少，如我国不少高校每年的发明专利申请可以达到1000件，而专业的知识产权管理人员仅有1～2名，在重视程度和管理人才配备上相差非常悬殊。

（二）高校的知识产权管理模式

当前我国高校知识产权工作主要存在三种管理模式：一是挂靠管理。在高校科研管理部门下设置知识产权管理机构，如知识产权科，或者不设置机构，仅安排专人负责管理本校的知识产权工作。二是分散管理。即高校根据知识产权管理工作的阶段、类型将知识产权管理工作交给不同的部门管理，一般涉及高校的科研处、校地合作办公室、高校知识产权运营管理中心以及各学院、研究中心、重点实验室等。分散管理涉及多个知识产权管理部门，管理过程复杂，工作容易脱节、缺乏效率、难以协调，如有些高校的申请专利都是学院、课题组自行联系熟悉的专利代理机构。学院或课题组许可转让专利，都是自行

---

❶ 马志忠．高校知识产权纠纷的处理与防范［J］．山东理工大学学报（社会科学版），2009，25（4）：46．

与接产企业拟订合同条款，校科研处、法务办公室没有进行必要的专利权属、权益分配、后期改进权属约定等知识产权合同条款审查和风险评估，仅进行合同备案和技术合同登记。三是独立管理。即高校设置专门的知识产权管理部门，相对独立地开展工作。从调研来看，目前高校大多采用的是挂靠和分散管理，设置独立专门机构还比较少。❶

近年来，国家新修订《中华人民共和国专利法》（以下简称《专利法》）《中华人民共和国商标法》（以下简称《商标法》）《中华人民共和国科学技术进步法》（以下简称《科学技术进步法》）等相关法律，教育部、科技部、国家知识产权局等相关部门连续下发了关于加强高校科技成果转移转化、加强知识产权运营管理的文件，许多高校按照相关法律政策，结合本校实际陆续制定和完善知识产权管理制度，为高校提高知识产权管理水平创造了难得的机遇，当然也提出了新的挑战。

（三）高校知识产权制度亟待完善

国家知识产权局发布的《2020年中国专利调查数据报告》显示（表1-5），我国目前已经有89.9%的高校设置有专职或者兼职知识产权管理机构。该报告数据统计显示，有97%的高校制定有专门的知识产权管理制度，或在其他规章制度中有涉及知识产权的相关政策或制度，仅有3%的高校没有制定知识产权管理制度。但从实际运行情况来看，一些高校对知识产权工作管理的理解和执行有偏差，主要表现在三个方面：一是对照国家标准，现行很多制度碎片化，缺少或者不完善，不成体系；二是对照国家法律和政策，现行很多制度不够规范；三是对照学校实际情况不够具体，不具有很好的操作性。例如，有些制度把握国家法律和政策不够准确，直接违反法律规定；有些制度只是简单重复已有的法律法规条款，没有出台具体实施办法，造成上面有要求下面不知道该如何执行的情况；有些制度缺乏灵活性，缺乏相应的配套权益分配激励细则，不能很好地调动高校师生投身科技创新，制度形同虚设。再如，有些制度

---

❶ 何兴.高校知识产权"贯标"困境与路径[J].中国科技信息，2018：16.

之间相互矛盾，不仅不利于实施，而且容易给高校带来资产流失，甚至是违法违规违纪的风险。❶

三、高校知识产权运用现状与挑战

专利运用是高校科研成果转化的一个重要途径，也是衡量高校学术研究成果产业化应用程度的重要指标。但现实是，我国高校普遍存在科研研发方面投入多，但科技成果转化投入少的现象。

一方面因为高校本身缺乏专业化的知识产权管理和技术转移服务的能力；另一方面是许多企业技术难题无法克服，转型升级找不到合适的技术门路和方向，造成高校大量专利长期闲置和"沉睡"。

（一）高校知识产权运用现状

1. 全国有 20% 的高校建立了专职技术转移机构

近年来，越来越多的高校开始重视专利转化工作，建立了专职的专利转移机构，开始配备相应的场地、资金和人员。据《中国科技成果转化年度报告 2020（高等院校与科研院所篇）》❷调查统计数据显示，2019 年，全国 3450 所高校院所中，有 806 所高校填报科技成果转移转化工作人员专职 5754 人，兼职 10 650 人，平均每所高校专职 7.1 人、兼职 13.2 人；有 666 所高校院所建立了专职的技术转移机构，占比 19.3%。这些高校院所共建立了 1648 家技术转移机构。

该报告还对我国 2019 年高校以转让、许可和作价投资方式转化科技成果的总体情况进行了统计汇总（见表 1-7 所示）。

---

❶ 何兴. 高校知识产权"贯标"困境与路径 [J]. 中国科技信息，2018：16.

❷ 中国科技评估与成果管理委员会，国家科技评估中心，中国科学技术信息研究所. 中国科技成果转化年度报告 2020（高等院校与科研院所篇）[M]. 北京：科学技术文献出版社，2021.

表 1-7 2019 年度高校成果转化收益分配情况一览

	现金与股权奖励	当年到账现金	取得的股权
收入总额 / 亿元	46.4	24.2	22.1
个人获得部分 / 亿元	32.5	16.6	15.9
个人获得部分占比 /%	70.1	68.6	72.2
人均获奖金额 / 万元	10.7	5.6	279.4

资料来源：根据《中国科技成果转化年度报告 2020（高等院校与科研院所篇）》整理。

根据表 1-7 统计显示，2019 年全国高校成果转化收入现金和股权奖励共计 46.4 亿元，其中个人获得 32.5 亿元，占比 70.1%，人均获奖金额 10.7 万元，另有 70% 左右的当年到账现金和取得的股权都归科研人员个人所有。该报告显示，其中江苏省、黑龙江省、甘肃省等多地人力资源部门规定：2 件专利转化金额累计达到 500 万元，可破格晋升高级职称等。这些政策规定极大调动了高校科研人员的科研成果转化的积极性。

2. 国内高校专利许可排名

来自"Limit 专利茶馆"微信公众号统计，如表 1-8 所示，截至 2021 年 7 月，在国家知识产权局进行专利许可备案的专利数据前 100 名高校中，南京林业大学、南京邮电大学、浙江大学名列前三，专利许可数量分别达到 2674 件、1068 件、642 件。根据该微信公众号统计，山东理工大学、中南大学、郑州大学等高校高质量专利转化金额屡创新高，其中，山东理工大学毕玉遂教授团队的"无氯氟聚氨酯新型化学发泡剂"发明专利，以 5.2 亿元独占许可费转让给山东补天新材料技术有限公司，创造了全国高校专利授权的最高纪录。其中 80%，也就是 4 亿多元收益都归属于毕玉遂和他的团队，分 20 年付清，目前已有 4000 万元进账，这是对毕玉遂教授团队 15 年研究成果的肯定和尊重。据山东理工大学统计，激励政策出台后，越来越多的专家教授和市场方面都积极响应，该校技术合同成交额从 2015 年的 174 份增长为 2018 年的 330 份，增长近 1 倍。

表 1-8　2021 年国内专利许可备案的专利数据前 100 名高校

序号	大学	许可专利数量/件	序号	大学	许可专利数量/件
1	南京林业大学	2674	30	黑河学院	123
2	南京邮电大学	1068	31	北京大学	111
3	浙江大学	642	32	华中科技大学	104
4	华南理工大学	396	33	四川大学	102
5	江苏大学	371	34	苏州大学	94
6	安徽理工大学	303	35	中南大学	92
7	东南大学	300	36	湖南大学	91
8	江南大学	289	37	南京大学	89
9	温州大学	284	38	太原理工大学	88
10	东华大学	283	39	北京工业大学	87
11	江苏科技大学	283	40	西安建筑科技大学	87
12	西安交通大学	236	41	北京航空航天大学	84
13	天津大学	229	42	山西医科大学	84
14	上海交通大学	226	43	北京交通大学	78
15	杭州电子科技大学	200	44	同济大学	75
16	南京航空航天大学	197	45	中国计量学院	72
17	浙江工业大学	195	46	北京化工大学	72
18	清华大学	193	47	南京农业大学	70
19	南京工业大学	185	48	中国农业大学	69
20	哈尔滨工业大学	185	49	中国矿业大学	69
21	华东理工大学	179	50	电子科技大学	67
22	河南科技大学	178	51	陕西科技大学	66
23	山东大学	173	52	合肥工业大学	64
24	武汉科技大学	162	53	吉林大学	63
25	浙江理工大学	143	54	河海大学	63
26	江苏师范大学	142	55	福州大学	61
27	重庆大学	133	56	上海大学	60
28	北京科技大学	126	57	南京理工大学	60
29	东北大学	123	58	厦门大学	60

续表

序号	大学	许可专利数量/件	序号	大学	许可专利数量/件
59	哈尔滨工程大学	58	80	西安电子科技大学	41
60	沈阳大学	57	81	华南师范大学	40
61	上海理工大学	56	82	复旦大学	39
62	中山大学	53	83	广西大学	39
63	河北工业大学	53	84	西南石油大学	39
64	中国石油大学（华东）	52	85	大连理工大学	38
65	福建师范大学	52	86	武汉理工大学	38
66	扬州大学	51	87	浙江海洋学院	37
67	南开大学	50	88	重庆科技学院	37
68	淮阴工学院	50	89	重庆工商大学	36
69	江苏工业学院	49	90	安徽工业大学	35
70	山东理工大学	47	91	沈阳工业大学	35
71	燕山大学	46	92	青岛科技大学	35
72	西北工业大学	46	93	华中农业大学	34
73	武汉大学	45	94	宁波大学	34
74	武汉工程大学	45	95	郑州大学	34
75	广东工业大学	43	96	上海工程技术大学	33
76	福建农林大学	43	97	亳州职业技术学院	33
77	昆明理工大学	42	98	西安理工大学	33
78	河北科技大学	42	99	常州大学	32
79	天津科技大学	41	100	无锡职业技术学院	32

资料来源：根据"Limit专利茶馆"微信公众号内容整理。

3. 我国高校的专利许可率偏低

我国只有少数高校专利运营成效显著，大多数高校专利仅仅停留在激励创造、松散管理阶段，尚谈不上有效运营，高校成果转化并不活跃。国家知识产权局发布的《2020年中国专利调查报告》显示，2020年我国高校的有效专利许可率为4.4%，有效专利转让率为3.6%，专利作价入股比例为2.7%。

据"华商韬略"2021年6月发布的调查数据显示：❶在科研经费投入增长和专利补贴政策下，我国专利申请数量已经连续十年全球第一。中国高校每年科研收入超过2000亿元，但专利整体转化率不到10%。多数专利只是"纸上谈兵"，与产业严重脱节。截至2019年年底，我国"双一流"大学拥有的发明专利超过25万件。单看专利数量，我国高校已经远远将美国甩在身后，但美国斯坦福大学，2020年有效专利为2117件，约为清华大学的20%，但清华大学的专利转化率只有9%，不到美国斯坦福大学的1/5。

（二）制约高校专利运营不畅的原因分析

据国家知识产权局发布的《2020年中国专利调查报告》显示，在对735所高校进行调查后显示，对制约专利技术有效实施的因素，高校专利权人认为"自身缺乏实施该专利的技术条件"，占比为62.6%；其次为"信息不对称造成专利权许可转让困难"，占比58.6%；"缺乏权威可信的专利交易平台"，占比50.3%；"管理部门鼓励措施或服务不够"占比38.1%，如图1-2所示。

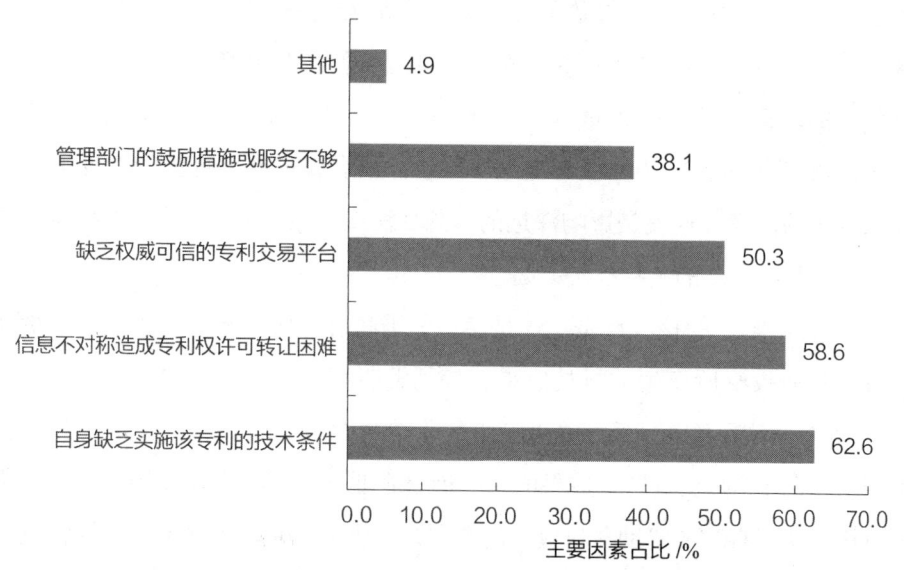

图1-2 高校专利权人认为制约专利技术有效实施的主要因素

资料来源：《2020年中国专利调查报告》。

---

❶ 数据来源："华商韬略"微信公众号。

1. 利益导向机制偏差制约高校专利转化

我国高校获得各级政府资金投入科研，大多在项目合同书中要求考核专利产出的数量，但后续专利是否转化、多久可实现产业化却无人问津、无人跟踪、无人监管。地方政府曾经出台的专利补贴优惠政策奖励、高校教师绩效与专利数量挂钩等政策，导致一些师生为了利益和"任务"，输出各种没有应用价值的"专利"。有些专利千辛万苦实现了转化，但因奖补审批手续烦琐严苛，让教师望而却步。有些真正有价值的核心技术，发明人要么担心是职务发明，可能侵犯学校的知识产权，不敢声张，甚至不敢申请专利；要么就偷偷自己干，个人拿好处，专利转化收益和统计数据完全游离于高校知识产权管理之外，造成学校国有资产的严重流失。总之，高校曾经实行的利益导向机制偏差制约着我国高校专利的高质量转化。

2. 美国《拜杜法案》带来的启示

20 世纪 70 年代，源自第二次世界大战曼哈顿计划的"谁出资，谁拥有"政策，美国高校科研项目研发的成果，不仅收益归政府，而且后续研发成果也不能由发明人分享，这就导致了美国高校科研成果转化乏力，大量科研成果闲置浪费。1978 年，以航天航空工程领域研究而著名的普渡大学教授，找到学校所在的印第安纳州州议员博区·拜（Birch Bayh）和罗伯特·杜尔（Robert Dole），希望议员们能想办法解决这个问题。两名议员共同提出旨在促进高校成果转化的法案，这就是影响深远的《拜杜法案》。1980 年，美国国会通过由两名议员共同提出的《拜杜法案》。

《拜杜法案》的核心点是：凡是使用美国政府科研基金或大企业资本给高校进行科研投资所产生的科技成果、专利发明获得的收益大致可以"一分为三"，即专利许可给企业后，企业获得的收益约 1/3 归学校或公司，约 1/3 归研发团队，约 1/3 归负责转化成果的中小创新企业。这个法案让美国的大学、研究机构能够享有政府资助科研成果的专利权，极大地带动了技术发明人将成果转化的热情。

数据表明，美国 1978 年的科技成果转化率是 5%，《拜杜法案》出台后几年内翻了 10 倍，奠定了美国随后 40 年以信息技术（包括通信、互联网和芯片产业）和生物医药两大支柱产业为代表的高科技优势，让享誉世界的硅谷迅速崛起，重塑了美国在世界科技的领导地位。《拜杜法案》后来被《经济学家》杂志评为美国过去 50 年最具激励性的立法之一，也是美国"制造经济"转向"知识经济"的重要标志之一。❶

（三）打通高校专利成果转化的"任督二脉"

1. 明晰高校成果收益分配制度

高校科研成果属于国有资产，长期以来，如何调整国家、学校与课题组、科研人员个人收益分配，是个棘手的问题。实践中，高校职务发明成果权益分享中的角色定位及法律责任的不清晰，导致高校科研项目组、主要发明人、技术推广中介甚至参与研究的学生的积极性没有得到根本性的调动，高校知识产权收益分配政策不合理、不明确，缺乏可操作性，束缚了教职员工的运营动力。一些知名高校专家教授因为挪用科研经费等"违法违纪行为"，轻则丢了"饭碗"，重则涉嫌职务犯罪身陷囹圄、身败名裂。

2014 年 9 月，财政部同科技部、国家知识产权局印发《关于开展深化中央级事业单位科技成果使用、处置和收益管理改革试点的通知》。同年 11 月，20 家中央级事业单位正式启动了试点。之后，国家明确将高校科技成果的使用权、处置权、收益权由国家下放到科研院所和高校等事业单位，许多高校出台政策，明确将科研成果转移转化收益的 80%，甚至 90% 归项目组支配，调动了高校科研人员的科研和转化实施的积极性，推动了高校科技成果转化速度和成效。

2. 专利转化期待"娘家"保驾护航

近年来，随着高校专利转化的日趋活跃，高校和企业双方经常会因为专利申请权、后期技术改进后的专利权权属、收益约定不清晰等原因，而产生很多纠纷，有的甚至对簿公堂。相对于企业经营者来说，擅长科研却不懂法律和社

---

❶ 央视财经.创新之路：李总理提到的《拜杜法案》究竟是什么［EB/OL］.（2016-06-04）［2022-09-20］.http://jingji.cctv.com/2016/06/04/ARTI0EhUyqNxSwo4PAiWMmfL160604.shtml.

会规则的教师，往往处于被动的不利地位，一些"下海"搞合作开发的教师，因此身心俱疲、心灰意冷、教训惨痛，使得其他有冲动从事产学研合作的教师望而却步，阻碍了高校知识产权转化的积极性。因此，高校专利转化需要高校"娘家"不光"扶上马"，还要"送一程"，要发挥学校有法学院、法律顾问、知识产权专家等人才优势，为发明人做好合作规划和每一步风险评估与提醒，为他们保驾护航，让教师们把宝贵的时间和精力用在技术研发上，避免合作不畅挫伤教师专利转化的积极性。

3. 高校专利转化权益分配旧观念开始破除

20世纪90年代，发生在浙江大学、北京大学等知名院校因为成果转化收益分配而引发的知名科技工作者因"挪用科研经费、职务侵占"等罪名被判入狱的案件，引起了我国科技界的巨大轰动和反思。21世纪初，一些高校在经历了课题组专利转化后获得多少收益比例合适、职务发明受益者如何缴纳个人所得税、高校支付给技术中介机构服务费是否违规等议题争论阶段后，越来越多的高校开始出台鼓励科研人员成果转化的激励政策。

2021年12月24日，第十三届全国人民代表大会常务委员会审议通过了第二次修改的《科学技术进步法》，为高校科技成果、专利转化转移带来了强劲"东风"。其中第三章"应用研究与成果转化"部分条款破除了高校诸多政策和思想束缚。

第三十二条规定："利用财政性资金设立的科学技术计划项目所形成的科技成果，在不损害国家安全、国家利益和重大社会公共利益的前提下，授权项目承担者依法取得相关知识产权，项目承担者可以依法自行投资实施转化、向他人转让、联合他人共同实施转化、许可他人使用或者作价投资等。"

第三十三条规定："国家实行以增加知识价值为导向的分配政策，按照国家有关规定推进知识产权归属和权益分配机制改革，探索赋予科学技术人员职务科技成果所有权或者长期使用权制度。"

近两年来，我国许多高校终于突破了国有资产流失、个人所得税、财务分配违规违纪等思想意识障碍和束缚，陆续修订了知识产权成果转移转化分配政策，知识产权收益开始向课题组、发明人倾斜。如许多高校都规定，专利成果转化收益的80%归课题组支配，10%归学院，10%归学校。有些高校甚至规定，专利成果转化收益的90%归课题组支配。这些措施极大调动了科研人员从事科研和成果转化的积极性，高校专利转移转化大门已经基本畅通。有关调查数据显示，2021年我国高校专利转化率达到10%左右，比两年前有了大幅度的提升。

四、高校知识产权保护现状与挑战

高校的知识产权范围比较广，按照教育部1999年4月颁布的《高等学校知识产权保护管理规定》，高校的知识产权包括："（一）专利权、商标权；（二）技术秘密和商业秘密；（三）著作权及其邻接权；（四）高校的校标和各种服务标记；（五）依照国家法律、法规规定或者依法由合同约定由高校享有或持有的其他知识产权。"❶ 现实中，对一些农业、林业、电子信息院校来说，还应当包括植物新品种权、集成电路布图设计专有权等知识产权类型。

（一）我国高校涉及知识产权诉讼案件逐年增多

高校在一定程度上也是一个社会，与社会各行各业打交道，大多设有法务顾问或者专门的法务办公室，应对诸如基建、合同、人事、劳务、人身伤害、财产等纷繁复杂的法律问题和纠纷。但法律部门大多接触经济法、合同法、刑法等纠纷和案件，并不擅长涉及专利、商标、著作权、商业秘密等知识产权纠纷案件的应对，也缺乏相应的应对机构和流程。也正是高校知识产权管理制度、知识产权法律和运营人才的缺乏，使得高校知识产权转移转化工作中的"先行者"，反而率先开始遭遇一些知识产权纠纷和诉讼。近年来，我国高校涉及知识产权诉讼案件200多起，并且案件数量逐年增多。

---

❶ 马志忠.高校知识产权纠纷的处理与防范[J].山东理工大学学报（社会科学版），2009，25（4）：44-48.

（二）高校半数知识产权案件与合同约定不清有关

根据多年来涉及高校知识产权的司法诉讼案件来看，高校知识产权纠纷主要集中在：（1）侵犯高校的名称权、校标及其各种服务标记；（2）著作权纠纷；（3）人才流动造成的知识产权争议；（4）技术合作合同中形成的知识产权纠纷；（5）高校开办的科技产业或依托于高校的科技产业对高校的知识产权转化形成的纠纷；（6）违反学校保密制度，故意或过失泄密产生纠纷。可见，以上案件中超过 50% 的案件与高校在产学研合同中知识产权条款约定不清有关，如职务发明权属、收益分配比例、专利实施许可、商业秘密保护等。

从以上纠纷类型来看，高校知识产权法律纠纷的处理从法律法规适用上涉及《著作权法》《专利法》《商标法》《民法典》《中华人民共和国促进科技成果转化法》《科学技术进步法》《著作权法实施条例》《高等学校知识产权保护管理规定》《计算机软件保护条例》《专利法实施细则》《集成电路布图设计保护条例》《商标法实施条例》等法律法规；从纠纷双方当事人来看，既有高校与其他法人或个人的，也有高校与本校人员的，还有高校所属人员之间的，以及高校与企业之间的纠纷。高校应根据纠纷的具体情况选择合适的处理途径与方法。❶

（三）高校知识产权纠纷的处理途径

近年来，与上述知识产权纠纷类型相比，高校涉及专利的纠纷案件并不多。国家知识产权局发布的《2020 年中国专利调查报告》显示，2020 年我国高校专利权人表示遭遇过专利侵权的比例为 1.6%，比 2019 年下降 1.0 个百分点。专利权人在遭遇侵权后采取的维权措施中，选择"自行与侵权方协商解决"的比例为 34.4%。"向法院提起诉讼"的比例较低，仅为 26.4%。

高校应对知识产权侵权纠纷时，选择司法诉讼的比例较低，主要是因为高

---

❶ 马志忠.高校知识产权纠纷的处理与防范[J].山东理工大学学报（社会科学版），2009，25（4）：44-48.

校没有专门的知识产权管理机构来决策，没有相应的部门或机构来执行，没有知识产权维权的应对程序和经验，特别是合作企业商业秘密纠纷、学生擅自发表论文、课题组成员泄露商业秘密、后续技术改进的知识产权权属及权益分配等；有些专利因为专利权人是学校，教师发明人为了评职称，即使发现专利流失被侵权使用，因为忙于教学和科研，也不愿出面维权；甚至有些教师将专利私自在校外企业转化，学校和院系有所察觉，但碍于同事情面和学校声誉，不愿发起诉讼。

此外，因为许多高校的法律顾问擅长《民法典》《劳动法》等，对于知识产权法知之甚少，特别是与专利有关的知识产权纠纷，还需要聘请专业的专利代理师参与其中，所以多数不了了之；有些学校的校徽、校名缩写被校外的培训机构、书店、餐厅，甚至理发店、宾馆、小餐馆等擅自使用，使消费者误认为是学校的校办机构而产生信任感，误导消费。有些机构也确实是校办二级机构或教师私自使用，但因为没有相应的校名、校徽使用范围和规则，所以无法进行整顿和规范；有些擅自使用校徽、校名事件向校领导做了汇报，但领导熟视无睹，结果发生纠纷无端被连带告上法庭，学校辩解说，这个店和我们没有一点关系，但无法解释为什么店铺会使用学校的校徽。甚至有些高校甘愿赔偿经济损失，息事宁人，不愿成为社会和舆论发酵的热点。这些都在客观上纵容了高校知识产权被侵权现象的发生。

第二节　高校知识产权贯标的意义

一、贯标能促使科技创新回归初心

高校作为创新资源和创新人才的集聚地，要发挥人才培养、科学研究、社会服务、文化传承与创新四大职能。高校要为区域经济和社会建设提供人才支撑，服务经济社会的高质量发展，其重要载体和抓手就是为社会经济源源不断地供给以专利为主要标志的高质量的科技创新成果。

《高等学校知识产权管理规范》要求高校将知识产权管理融入科研项目选题、立项、实施、结题和成果转化等各个环节，要以产业需求为导向进行高质量创造，实施专利质量审查机制，高校专利质量审查委员会不批准不以应用转化为目的的专利申请，从源头上严把专利质量关，促进专利质量的提升，让高价值专利真正发挥其应有的作用。高校建立以转化为终极目标的制度和运行机制，促使师生只能申请有市场转化价值、有真正产学研需求、解决企业一线技术难题的专利。建立专利分级管理机制，每年进行一次价值评估，对市场转化希望不大的专利归入"三级专利"，廉价转让或终止专利缴费，或者由发明人本人缴费。这样的机制和制度"倒逼"高校专利回归知识产权市场属性的本真初心，而不是单纯用来作为评职称、项目评审、验收结项的荣誉和"装饰"。

2020年，知识产权产业媒体IPRdaily与incoPat创新指数研究中心联合发布的"中国高校专利转让排行榜（TOP100）"榜单，对国内高校在国家知识产权局登记生效的专利申请权/专利权转让数量（不含港澳台）进行统计排名，前20名高校中包括南京林业大学、东南大学、江南大学、南京信息工程大学、常州大学、苏州大学、江苏大学7所江苏省内高校，几乎占据"二十强高校"的40%。江苏这些高校基本都是江苏省推行《高等学校知识产权管理规范》试点高校，其中南京林业大学、南京邮电大学分别以年转化2674件、1068件专利名列全国第一、第二。

江苏大学是《高等学校知识产权管理规范》的参与起草单位之一。[1] 该校建立了基于生命周期的知识产权管理系统，在专利创造阶段，专利培育和运营中心的团队就会进行专利布局和挖掘，对有市场化前景的方案进行及时合理的专利保护，对学校优势学科加强专利导航分析，为重点团队提供贴身服务。该校以371件专利许可名列全国第五。

值得关注的是，教育部、国家知识产权局、科技部2020年联合印发的《关于提升高等学校专利质量　促进转化运用的若干意见》指出，高校要停止

---

[1] 杨频萍. 高校专利转化，回归创新初心［N］. 新华日报，2020-04-08.

对专利申请的资助奖励，大幅减少并逐步取消对专利授权的奖励，并且要求有条件的高校要开展专利申请前评估。这给高校今后专利"挤干水分""回归初心"不仅来了个直指要害的"釜底抽薪"大招，而且开出开展专利申请前评估、培养高质量的具体"药方"。

二、贯标能促进科技成果转移转化

促进专利成果转移转化是《高等学校知识产权管理规范》的主要目的，其中第8部分"知识产权运用"，分别从"分级管理""策划和推广""许可和转让""作价投资"对高校知识产权运用提出了规范化要求，对学校的专利从法律、技术、市场维度等方面进行分级管理。对市场前景广阔、转化希望较大的10%的专利给予重点管理维护和推介；对许可转让、作价入股的专利，要签订书面合同文件，明确双方的权利和义务；对后期技术改进的知识产权权属、收益方式、分配比例等进行明确；预防并控制合作前、中、后期全过程可能出现的知识产权风险。

苏州大学围绕苏州工业转型升级中的重大共性关键技术、先进集成技术问题，紧贴苏州企业转型升级中"一线需求"，整合苏州产业、政策、资本与苏州大学人才、科研、平台等优质资源，共同组建工业研究院，目前已建设校地研究院6家，校企共建科研平台127个；南京大学针对教师和科研人员专利成果转化实行"118"政策，即院系和学校各留10%的收益，80%归课题组科研人员，极大地调动了教职员工的科研积极性。❶

三、贯标可建立高校知识产权管理体系

长期以来，许多高校高层认为，只要有一个部门、一个人员专职甚至兼职对学校知识产权进行日常管理就万事大吉了。这是一种片面的想法，高校的

---

❶ 杨频萍.高校专利转化，回归创新初心［N］.新华日报，2020-04-08.

知识产权管理并非一个部门、几个专兼职人员进行管理这么简单，而是一个完整的体系管理。《高等学校知识产权管理规范》在"组织管理"部分，要求高校建立由校长、管理委员会、管理机构、院系、知识产权服务支撑机构、项目组、知识产权专员、知识产权顾问等组成的点线面结合，横向从校长、知识产权专员、师生，纵向从处室、院系、项目组交织，部门知识产权职能职责明确的立体管理体系，确保知识产权覆盖到校领导层、相关管理部门、院系、教职员工和学生，有机联动，不留知识产权管理的"死角"。

此外，为确保自然学科院系、重点项目组的专利产出质量及科研成果的高水平，《高等学校知识产权管理规范》还专门要求高校建立知识产权服务支撑机构，指导专利检索、专利导航、专利布局等专业性强的业务，确保专利高质量撰写和高质量申请，为后期专利的转移转化把好"入口关"，以及指导协助后期专利转化许可转让，在国家知识产权局办理专利许可转让备案、专利托管等工作。必要时，为了提高高校知识产权管理水平，高校根据情况可聘请校外知识产权顾问，为知识产权重大事务提供决策咨询意见。

《高等学校知识产权管理规范》要求高校从文件管理、组织管理、资源管理以及知识产权的获取、运用、保护、检查和改进等10个方面，制定和完善学校人事合同、知识产权评议、申请、转让、转化、技术推广、奖励、保密、纠纷应对等规章制度，再通过一系列确保规章制度落实的记录表单等记录和填写，以及每年至少1次的内部检查、改进和提高，确保高校建立科学适宜的知识产权管理体系，并进行有效的实施和运行。

江南大学作为江苏省《高等学校知识产权管理规范》试点高校之一，已经建立了覆盖知识产权创造、运用到保护的管理体系。学校专门成立了江南大学知识产权管理委员会，由科研副校长和相关部门负责人组成，委员会在产业技术研究院下设知识产权管理办公室，产业技术研究院作为学校的二级职能部门，与江南大学技术转移中心合署办公，全权负责全校科技成果的管理以及转移转化工作。❶

---

❶ 杨频萍.高校专利转化，回归创新初心［N］.新华日报，2020-04-08.

四、贯标可为高校规避知识产权相关风险

《高等学校知识产权管理规范》中的标准条款基本对高校知识产权相关风险进行了全面的覆盖、全流程把控和提醒。据统计，《高等学校知识产权管理规范》中直接提到"避免""风险""保密"等类似内容的条款多达 15 条，其中 9.1 "合同管理"和 9.2 "风险管理"专门对最容易出现的知识产权风险进行了要求和提醒，如"检索与分析、申请、诉讼、管理咨询等知识产权对外委托业务应签订书面合同，并约定知识产权权属、保密等内容"；"在应对知识产权纠纷时，评估通过行政处理、司法诉讼、仲裁、调解等不同处理方式对高校产生的影响，选取适宜的争议解决方式，适时通过行政和司法途径主动维权"；"加强学术交流中的知识产权管理，避免知识产权流失"。高校只要认真贯彻《高等学校知识产权管理规范》基本可防患于未然，或者把可能由知识产权带来的经济纠纷和名誉污损压缩到最低限度。

五、贯标可培养复合型知识产权运营人才团队

高校贯标运行对学校组织和参与人员是一个综合性的提升和考验的机会。首先，在与贯标辅导机构、知识产权认证审核员的沟通、咨询、辅导、接待过程中，可以接触几乎所有的政策、法律、专业、内部审核、现场认证等相关疑难问题，打通横跨人文社会科学和自然科学、法律与专业技术操作实务等多学科和领域的知识痛点。其次，需要对《科学技术进步法》《劳动法》《民法典》等法律和政策进行对照、对标学习，查缺补漏，制定既符合国家政策又适合本校实际的有关科技成果转化、收益分配等规章制度，相当于对知识产权运营的有关文件进行系统细致的研究和解析，这些政策恰恰都是知识产权运营人才必须掌握和熟悉的，对培养高校知识产权运营复合型人才、职业技术经纪人团队是难得的系统学习机会。最后，贯标涉及各类型的培训，如合同法、专利法、商标法、著作权法等民商法律的学习和培训，更有专利导航、专利布局、信息情报收集分析等专业技能的学习和掌握。

第二章 高校知识产权贯标的实施策略与关键点

俗话说,"万事开头难"。人们常说一件事情的成功,离不开"天时、地利、人和"。高校知识产权贯标工作如果要顺利启动,需要一定的策略。概括来说,离不开"天时、地利、人和"三要素。此外,还需要采取重点突破、循序渐进和辅导机构恰当选取等策略。

第一节 高校知识产权贯标顺利启动的"三要素"策略

一、"天时"策略——高校开展贯标工作正当时

2020 年以来,国家多个部门出台的相关政策文件,均要求或提倡高校开展知识产权贯标工作。例如,2020 年教育部、国家知识产权局、科技部《关于提升高等学校专利质量促进转化运用的若干意见》(教科技〔2020〕1 号)指出"积极贯彻《高等学校知识产权管理规范》(GB/T 33251—2016),形成科技创新和知识产权管理、科技成果转移转化相融合的统筹协调机制"。2020 年 3 月 22 日发布的《国家知识产权试点示范高校建设工作方案(试行)》指出"强化知识产权全流程管理。贯彻实施《高等学校知识产权管理规范》(GB/T 33251—2016)国家标准"。2021 年 6 月 8 日,国家知识产权局办公室和教育

部办公厅联合发布的《高校知识产权信息服务中心建设实施办法（修订）》（国知办发服字〔2021〕23号）第十二条第四项规定，高校已贯彻实施《高等学校知识产权管理规范》国家标准的，在同等条件下优先考虑。

可见，在国家有关部门密集出台政策文件要求和倡导高校实施贯标的大背景下，高校知识产权管理部门负责人要抓住这个有利的政策"天时"，向高校负责人宣讲高校开展知识产权贯标工作顺应天时、正当其时的政策，这也是高校开展知识产权贯标工作的重要政策依据。

二、"地利"策略——协调整合好高校各类知识产权资源

协调、整合高校现有的知识产权资源，充分发挥学校已有的各类知识产权平台和组织，让其在贯标中继续发挥作用对贯标的顺利推进起到"事半功倍"的效果。以商丘师范学院启动贯标工作为例，该校是河南省示范性应用技术类型本科院校。该校的知识产权工作得到了商丘市人民政府，特别是河南省、商丘市市场监管局、知识产权局的大力支持。学校设立法学院，有一批懂商标、著作权等知识产权法律法规的基本教师队伍。近年来，河南省知识产权局批准该校建设河南省高校知识产权运营管理中心、中国知识产权远程教育平台分站，与市局共建"商丘知识产权培训与传播基地"，共同开展知识产权科普竞赛活动，对该校贯标工作顺利开展打下了一定基础，起到了很大的支撑作用。在贯标实施过程中，知识产权运营管理中心承担了学校知识产权决策机构和知识产权管理机构的职能，整合各类资源，实现了知识产权运营管理工作规范化、体系化。该中心利用"商丘知识产权培训与传播基地"及中国知识产权远程教育平台分站，开展线上线下相结合的贯标培训。正是由于河南省、商丘市知识产权局的大力支持这一"地利"条件，为商丘师范学院的知识产权运营管理工作打下了坚实基础，贯标工作才得以顺利开展。此外，一些省市对开展高校、企业知识产权贯标工作还给予一定的经费补贴，这也在一定程度上减轻了高校的经费压力，促使高校下决心开展贯标工作。

三、"人和"策略——积极主动沟通取得校领导支持

人是工作顺利开展的最主观能动的重要因素。实施"人和"策略,积极主动沟通取得校领导支持,是高校贯标工作顺利启动的重要因素之一。

(一)学校领导高度重视

知识产权贯标需要知识产权管理部门承担大量工作,但它并不是知识产权管理部门一个部门的任务,而是涉及全校部门和院系的一个体系性、整体性工作,需要校领导决定和协调其他部门、院系配合。表面上是给各部门、院系"额外"增添了工作量,实则是帮学校和其他部门规避潜在的知识产权风险。在学校知识产权管理委员会统一思想、提高认识的基础上,由校长决策启动贯标工作,实际操作中一般授权给分管副校长具体落实,知识产权管理部门具体操作推行体系的建立和运行。

(二)知识产权管理部门负责人积极协调沟通

高校知识产权管理部门是高校贯标的"发动机",这个部门的负责人向上需要向领导汇报,中间需要和各部门及院系负责人沟通,对外需要协调贯标辅导、认证公司等专业机构。实际操作中,高校知识产权管理部门负责人需要紧紧依靠和发挥辅导机构的专业作用。首先,通过辅导机构到学校给知识产权管理委员会成员现场授课,讲解贯标的意义和流程,争取学校领导的支持。其次,辅导机构要制定详细的贯标流程和时间表,将职责及任务分配到各部门、院系,分类分层次进行知识产权课程规划培训,让各部门、院系负责人明确各自在高校贯标中承担的职责,才能让高校贯标这副重担分散到各个管理部门进行协调分担。

(三)知识产权专员主动作为

高校在知识产权贯标工作中推行知识产权管理员、知识产权专员制度。例如,商丘师范学院在部门、学院、项目组设立了24名知识产权管理员、专员,

一般由各院系主管科研的副院长、教学秘书兼职担任。知识产权专员为项目组提供专利检索、申报、维护管理的全过程服务。自贯标工作启动以来，知识产权管理员、知识产权专员等工作人员对标《高等学校知识产权管理规范》内容，查漏补缺，对学校各类合同中的知识产权条款、作品发表、成果保护、科研项目的知识产权管理等相关制度与规范进行完善，同时结合重大科研项目，开展科研项目全过程的专利分析工作。根据专利分析结果，编制了《阿尔茨海默症检测专利分析与导航报告》。2022年4月在监审中，商丘师范学院电气学院委托知识产权服务支撑机构编制了《微腔压强测量专利分析与导航报告》，为课题组提供了全景式的宝贵专利信息资源及分析。

知识产权贯标工作并不是某一个部门的业务，它是一个体系性、整体性的工作，需要校领导决策和其他部门密切配合，"人和"最为关键，只有上下联动、齐心协力，才能顺利推进。

第二节　采用重点突破、循序渐进的策略

高校部门多、院系多，有些综合性高校院系多达五六十个，每个院系都相当于一家企业。试想，如果让五六十家企业同时启动贯标工作，那么这个工作量对一所高校来说是很难完成的，校领导、部门、院系的时间和精力都难以应付。实践中，高校首次认证可以全面启动，但暂时不要贪多求全，认证范围也不一定要全部覆盖法人证书登记的范围，可以重点对优势学科、重点专业进行认证，积累经验，培养人才，检验制度和体系的有效性、适宜性，不合适之处可以进行调整。待第二年监督审核，可以逐年增加认证覆盖的院系范围，这样循序渐进、由简到难、由少到多、重点突破、点上示范、以点带面，最终实现全面开花，所有学科全覆盖。如商丘师范学院首次的认证范围主要突出了师范类教育（文科、理科均有）和科研实力较强的化学化工方向，第二年监审又增加了电气教学与科研的知识产权管理。首次认证证书如图2-1所示。

图 2-1　首次认证证书

2022 年 5 月通过监审后,增加了认证范围后的证书如图 2-2 所示。

图 2-2　监审后的知识产权管理体系认证证书(商丘师范学院)

第三节　贯标辅导机构的选择策略

辅导机构是高校实施贯标工作的"助推器"，在高校知识产权管理部门对贯标还是一片茫然的情况下，辅导机构可以说是高校贯标工作实际上的设计者、策划者、辅助者和践行者，关系着贯标工作的成败和实际成效。

辅导机构的选择不仅要考虑其对知识产权贯标的辅导经验，还要考虑其对高校运行情况的了解程度。高校参与贯标的部门负责人、院系领导、项目组、知识产权专员等基本是硕士、博士学位，学历高、职称高、眼光高、不盲从、不唯上、作风严谨、具有较强独立思考能力。

因此，要求辅导机构基本要具备下列能力和资质，才能顺利地推行贯标工作：(1) 有一支知识产权知识结构比较完善的团队，精通专利、商标、版权等知识产权申请实务，能够全面向教职员工提供综合性、全方位的知识产权服务能力，基本要能够做到有问必答，只有能够解决教职员工遇到的实际知识产权难题，才能取得教职员工的信任和工作配合。(2) 辅导机构技术人员要善于沟通交流，做到彬彬有礼、不卑不亢、有理有据有节。遇到工作较忙不愿意提供技术资料的，或者不愿意改变已有制度规定或管理习惯的，甚至认为贯标就是额外增加负担和工作压力的部门或者教职员工，如何消融思想包袱和误区，顺利让教职员工配合工作，完成贯标任务，需要沟通的技巧。(3) 需要实力较强的团队。高校贯标涉及部门、人员较多，范围广，不像企业贯标一般只投入 1~2 个人，而一般 1000 名教职员工的高校，贯标辅导机构投入的人员少则 3 人，多则 5~6 人。而目前，一次性能提供 5~6 人精通高校贯标政策、条款，而且提供至少持续半年服务的辅导团队并不多。

目前，很多服务机构都参与辅导过企业知识产权贯标，但对高校贯标辅导的经验很少，高校在选择时一定要慎重，最好选择有高校贯标辅导经历、成功案例和一定综合实力的服务机构。

第四节　高校知识产权贯标的关键点

一、高校知识产权贯标的条件

高校开展知识产权贯标的"门槛"比较低，凡是具有独立法人资格的普通高等高校，有自己的名称、组织机构、住所、财产或者经费，均可开展知识产权贯标工作。这些普通高校包括国家部委、省级人民政府（含新疆生产建设兵团）、省（市、区）教育行政部门主管或联合主管的高等教育的学校，包括普通本科学校、普通专科学校。普通高校实施普通高等教育的教育机构有：大学和学院、职业技术大学／职业大学、职业技术学院／职业学院、高等专科学校、独立学院。根据教育部发布的《2019 年全国高等学校名单》显示，截至 2019 年 6 月 15 日，全国普通高校（分公办、民办和合作办学，不含军事院校）2688 所，其中独立学院 257 所。

高校提请第三方认证机构认证的条件，目前并没有明确要求，可参照企业提请认证的条件，应该满足以下三条：（1）建立高校知识产权管理体系并实施运行三个月以上；（2）至少完成一次检查监督活动；（3）知识产权管理体系运行期间及建立体系前的一年内未受到主管部门行政处罚。

此外，认证机构派出审核员到高校进行现场审核要满足的条件是：（1）高校与第三方认证机构签订认证合同；（2）按照体系覆盖的教职工人数缴纳相应的认证费用，缴费标准可参照企业认证费用的标准；（3）提交完整的申请材料，包括申请书、知识产权手册、程序（制度）文件、检查监督记录文件等。

二、高校知识产权贯标的重点

高校知识产权贯标的重点主要有四点。

（一）加强知识产权管理体系建设，规范管理

高校是国家创新体系的三大主体之一，是科技成果的重要产出地，同时也是知识产权创造、保护、运用和管理的重要主体。2020年教育部、国家知识产权局、科技部《关于提升高等学校专利质量促进转化运用的若干意见》（教科技〔2020〕1号）要求"积极贯彻《高等学校知识产权管理规范》（GB/T 33251—2016），形成科技创新和知识产权管理、科技成果转移转化相融合的统筹协调机制"，提出高校知识产权全流程管理体系更加完善并与高校科技创新体系、科技成果转移转化体系有机融合的建设目标。

同时，高校应当完善知识产权运营管理制度，建立知识产权运营管理体系和知识产权申报前评估、职务科技成果披露等制度，健全代理机构遴选机制，杜绝黑代理，打击违规代理行为，使教职员工得到真正有质量的服务。通过一系列的制度文件的制定和记录表单监控审批，并在实践中严格落实，从而实现高校知识产权管理体系建设和规范管理。

（二）强化知识产权保护，规避风险

强化知识产权保护有利于促进其转移转化，同时也是知识产权运营管理的重要抓手。知识产权意识不强、不注重知识产权的保护会同时影响高校专利的数量及质量。在实际科研工作中，高校大部分教职员工忽视了知识产权保护，不注重专利质量，使专利保护范围和专利运营管理缺少知识产权保护"安全网"，很难抵御侵权风险，不利于转移转化。此外，不注重知识产权保护，还会增加教职员工侵犯他人知识产权的风险，给学校带来声誉和经济上的损失。

（三）将知识产权融入科技创新全过程，促进成果转化

科技成果是知识产权的重要来源，知识产权是科技成果转移转化的重要载体。我国高校科技成果转移转化率低，长期广受诟病，既是高校创新体系的短板，也是高校知识产权运营管理的薄弱环节。贯标倡导高校建立完善的知识产权管理体系，应用标准化管理体系的过程管理方式，形成PDCA闭环〔PDCA

即英语单词 Plan（计划）、Do（执行）、Check（检查）和 Act（处理）的第一个字母，PDCA 循环是指按照这样的顺序进行质量管理，并且循环地进行下去的科学程序］。在高校科技创新活动的选题、立项、实施、结项过程中，进行立项前情报分析、专利申请前评估与侵权规避、中期专利许可转让、后期技术改进知识产权权属等方面，提供全流程的情报信息支撑和风险把控，从而促进高校科技成果实现转移转化最终目标。

（四）提高师生知识产权意识，掌握知识产权基本知识

高校有人文和理工科院系，对大多数高校来说，知识产权并没有被列入必修课和公共课，很多师生没有机会系统地学习知识产权基础知识，掌握基本的技能，即知识产权意识不强。因此，以高校贯标为契机，可以对全校师生，特别是与知识产权创造联系密切的师生进行较为系统的知识产权普及培训，即师生在当前和今后工作中需要了解的知识和技能。

首先，高校要坚持知识产权贯标与日常宣传相结合、普及宣传与重点宣传相结合的方式。利用"中国专利周""4·26 知识产权宣传周"等时机，通过板报、讲座、校园广播、知识竞赛等形式，开展宣传活动，普及知识产权知识，营造良好的校园知识产权氛围。

其次，要在宣传方式上善于创新，选好宣传内容、选择恰当的宣传渠道，适时、适地进行宣传推广，创新宣传内容。宣传内容要通俗易懂、形象生动、富有创意，选择典型的知识产权案例，改编为知识产权小故事，并通过短视频、动画、漫画等方式展现，以公众喜闻乐见的形式宣传普及知识产权基础知识及法律法规。

三、高校知识产权贯标的难点

相对于企业，高校具有知识产权管理对象多元化、管理内容复杂化、创造和运用目的多样化、管理人员大多非专业性等特征，给高校知识产权贯标实施带来了挑战。高校贯标的难点主要有三个：一是如何通过贯标提高知识产权

产出质量。高校要在项目选题、立项等创新源头阶段就融入专利检索、信息分析加工等理念，高起点开展研发工作，提高知识产权产出质量。二是高校开展产学研活动合同管理中，知识产权的权属、许可转让及利益分配、后续技术改进的权属及收益分配等是目前高校知识产权纠纷的高发领域，需要通过贯标活动进行合同约定，防范风险。三是高校内部职务发明涉及课题组、发明人与学校、院系等收益分配问题，如何通过贯标制定出平衡学校、院系、发明人个人、课题组等各方利益，调动各方创造积极性的规则章程，需要高校根据各自的实际情况进行制度的设计和执行。

三个"难点"中，最难的是学校如何通过贯标来提高知识产权的产出质量，这是高校知识产权能够顺利转化的出发点和源头。知识产权贯标通过建立全流程专利质量管控机制，从以下三个方面着力提升专利质量。

（一）难点一：建立高校适宜的组织管理架构

高校应按照知识产权贯标的要求进行相应的组织管理（图 2-3），成立以校领导为负责人的知识产权管理委员会，统一管理协调全校知识产权事务，下设知识产权管理机构、相关处室、服务支撑机构、院（系）、项目组等。

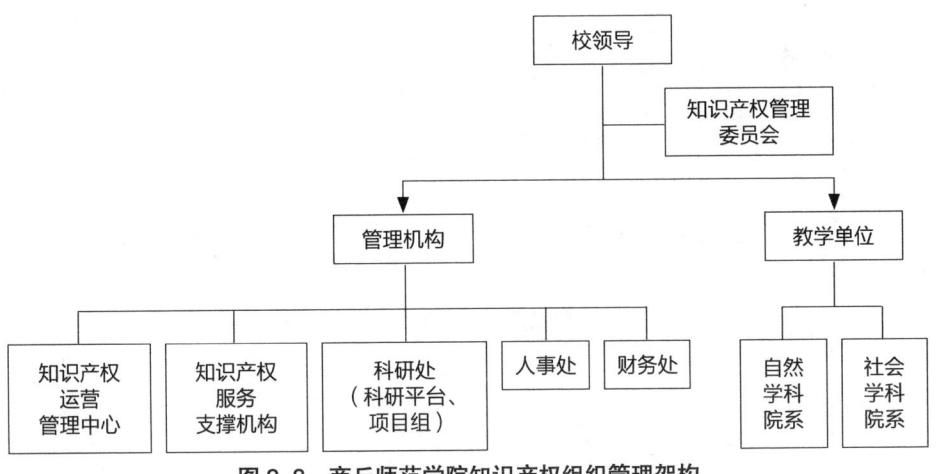

图 2-3　商丘师范学院知识产权组织管理架构

（二）难点二：合理调动和配置资源

按照高校知识产权贯标要求，高校专利质量管控与转化评估主要涉及的资源有人力资源、财务资源、信息资源等，进行合理调动和配置。

（三）难点三：全过程、体系化管理

高校需要通过编制《知识产权管理手册》《知识产权程序文件》等制度文件（图2-4、图2-5），建立专利分级管理清单（图2-6），并进行专利侵权监控（图2-7），建立专利申请前审批（图2-8）及专利价值评估制度（图2-9）等一系列严格的程序和制度，进行全过程、体系化管理，确保知识产权的产出质量和转化。

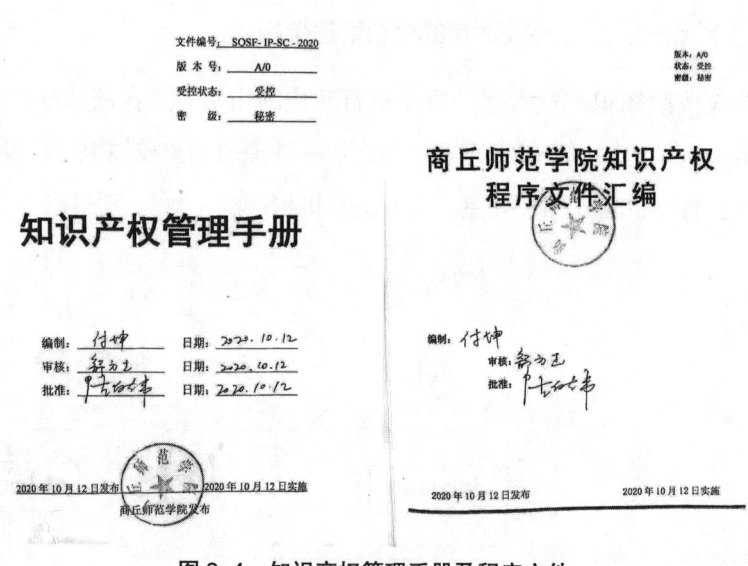

图2-4　知识产权管理手册及程序文件

受控文件目录

编号：SQSF-IPJL420-01

序号	文件名称	文件编号	版本	归属部门	保管期限	保管方式	备注
1	文件控制程序	SQSF-IP-420-01	A/0	知识产权中心	3年	电子/纸质	
2	外来文件与记录控制程序	SQSF-IP-420-02	A/0	知识产权中心	3年	电子/纸质	
3	保密控制程序	SQSF-IP-640-01	A/0	知识产权中心	3年	电子/纸质	
4	法律法规及其他要求控制程序	SQSF-IP-650-01	A/0	知识产权中心	3年	电子/纸质	
5	信息资源控制程序	SQSF-IP-650-02	A/0	知识产权中心	3年	电子/纸质	
6	知识产权获取控制程序	SQSF-IP-713-01	A/0	知识产权中心	3年	电子/纸质	
7	知识产权维护控制程序	SQSF-IP-713-02	A/0	知识产权中心	3年	电子/纸质	
8	知识产权运用管理控制程序	SQSF-IP-800-01	A/0	知识产权中心	3年	电子/纸质	
9	知识产权保护及风险管理控制程序	SQSF-IP-900-01	A/0	知识产权中心	3年	电子/纸质	
10	检查监督控制程序	SQSF-IP-101-01	A/0	知识产权中心	3年	电子/纸质	

图 2-5　程序文件目录

知识产权分级清单

序号	项目名称	申请号	专利类型	发明人	授权公告日	专利价值等级划分	专利有效期	处置方式
1	一种圆环状纳米二氧化锗/聚离子液体复合材料及其制备方法和应用	CN201911013711.1	发明授权	张永亚；张南；张建伟；张存良；胡新成；张旭；魏伟；瞿鹏	2020-10-20	—	20年	监控

续表

序号	项目名称	申请号	专利类型	发明人	授权公告日	专利价值等级划分	专利有效期	处置方式
2	一种山药梨汁复合发酵饮料	CN201610954655.1	发明授权	周庆峰；王晓雪	2020-09-25	—	20年	监控
3	一种缓释复合药肥及其应用	CN201710006119.3	发明授权	李国防；朱晓琴；韩霜；裴冬丽；邢宇	2020-06-02	—	20年	监控

图 2-6 专利分级管理

知识产权侵权监控表

序号	申请号	专利名称	是否涉及他人知识产权	涉及知识产权类别	监控渠道	监控日期	监控人	损害程度	防范预案
1	CN202021253873.0	一种计算机专用的无噪音式计算机散热装置	否	中国实用新型	国家知识产权局	2020-11-03	付坤	无	持续监控
2	CN202021242052.7	测量坡度用装置	否	中国实用新型	国家知识产权局	2020-11-03	付坤	无	持续监控

图 2-7 专利保护监控

知识产权申请审批表

编号：SQSF-IPJL713-05

学院：　　　　填报日期：　　年　　月　　日　　　　编号：

发明名称	一种基于混合节点金属有机框架材料靶向诱导模拟酶失活的硫化氢比色传感		
申请人	商丘师范学院	地址邮编 商丘市平原中路55号 476000	联系人及电话
申请类别	专利√	□民用专利□国防专利√职务发明□非职务发明	
		√发明专利□实用新型专利□外观设计专利	
		□ PCT	
	商标□	著作权□	其他□
项目来源	□自拟课题□计划项目课题□横向课题□其它		

图 2-8 专利申请事前审批

知识产权价值评估申请表

编号：SQSF-IPJL810-01

项目名称	基于 WOF 材料的电化学生物传感器构建及其在阿尔茨海默病标志物检测中的应用研究
项目概述	β-淀粉样蛋白（Aβ）寡聚体是阿尔茨海默病（AD）的重要标志物，研究表明阮蛋白（PrP）单体可能是 Aβ 寡聚体导致细胞凋亡的作用靶点，因此实现 Aβ 寡聚体和 PrP 单体的同时测定将为 AD 的早期诊断及病情控制提供帮助。本项目旨在构筑基于对双目标物特异性结合的核酸适配体电化学传感器，进而利用铜基/铁基金属有机骨架（MOF）复合纳米材料的电化学活性、孔径识别能力及大的比表面积等优异性能，实现核酸适配体的固定和电化学信号的引入及放大，从而达到 Aβ 寡聚体及 PrP 单体的同时测定目标

图 2-9　专利价值评估

四、高校知识产权贯标的风险点

高校贯标认证的风险点主要有三点。

（一）认证不通过的风险

并非所有的现场审核都能通过审核认证。有些情况下，高校也有贯标认证不被通过的风险。因此，高校一定要提前对照标准条款，在提请现场审核前，由校知识产权管理委员会组织内审员进行各部门交叉检查监督，评估高校是否符合现场审核的条件。例如，近期是否发生了重大知识产权纠纷尚未处理，一年内是否被行政主管部门给予行政处罚，多地址校址是否如实告知等，这些问题如有隐瞒，都可能造成现场审核时审核组无法顺利审核、终止审核等风险。因此，要选择经验丰富，实力强的辅导机构，提前对学校整体情况做详细梳理，把可能影响审核组顺利审核的因素提前排除。

同时高校最好还要选择具有高校贯标认证经历和经验的认证机构。目前，具有高校知识产权管理体系认证经历的认证机构有 5 家，分别是：中知（北京）知识产权认证有限公司、中规（北京）知识产权认证有限公司、知产（北京）知识产权认证有限公司、中审（深圳）认证有限公司、企知（北京）认证有限公司。

（二）合同不能达成一致的风险

认证合同一般是由第三方认证机构提供的格式化条款，一般经过国家认监委的备案，轻易不能删减和修改，但有些条款可能不一定适合，还需要双方进一步协商。如合同中提到了第二年的监督审核及费用情况，这是合同的告知条款，没有合同的强制力，高校可以选择监审或者不做监审，但一些高校误解为写进合同里就一定要执行，而且监审尚未向学校汇报规划和预算。于是，双方经常在此条款上争论"拉锯"，甚至互不相让，拖延现场审核日期的确定。因此，双方需要认真解释沟通，学校知识产权管理机构也应向主管校领导和知识产权委员会汇报、解释，并报送学校法务部门审核通过。

（三）高校可能难以在规定期限内完成个别不符合项

审核员在现场审核发现的不符合项要求在一个月内采取措施进行整改，如涉及知识产权制度、人事聘用合同中的知识产权内容及产学研合同中高校权益保障条款等。审核组需要对不符合项的整改措施和结果进行验证后，才能向所在的认证机构技术评审委员会提交现场审核报告。高校有些制度的修订需要学校知识产权管理委员会按照程序完成讨论、审批、签发等流程，有些合同需要和合作方进行商讨、谈判确定，如果不能按时或者有效整改这些不符合项，有可能造成高校获得认证证书时间的延迟。

第三章　高校知识产权贯标的操作流程

第一节　贯标实施过程中高等院校操作流程

一、高校贯标总体流程

（1）高校自行或联合辅导机构开展自评，主要评价学校知识产权贯标的必要性与可行性，最好出具相关报告。

（2）向校领导请示汇报，定下贯标决心，特别是要取得学校主要领导的支持。

（3）在辅导机构的指导下制订具体实施方案，报学校领导同意。

（4）与相关部门协调沟通，确定职责分工。

（5）拟制签订相关辅导合同。

（6）开展知识产权贯标培训与辅导。

（7）建立完善的知识产权管理体系。

（8）知识产权管理体系运行并组织内审（即内部检查监督）。

（9）对发现的不符合项采取措施进行整改。

（10）自评结论认为学校知识产权管理体系运行基本符合标准后，提请第三方认证机构进行现场评审。

（11）第三方认证机构评审合格后颁发认证证书。

（12）第二年及第三年开展监督审核，确保认证证书的有效性。

二、高校贯标流程主要环节示意图

高校贯标流程主要环节示意图，如图 3-1 所示。

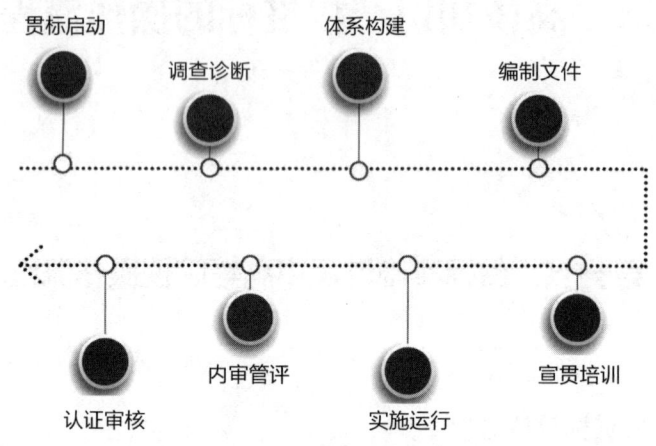

图 3-1　高校贯标流程主要环节

第二节　高校贯标需要给认证机构提交的材料

一、"申请包"的内容

（一）申请需提交的材料

高校在做好认证现场审核准备后，认证机构会发给高校一个"申请包"模板。高校按照"申请包"要求，需要提交以下材料：

（1）资质文件。如事业单位法人或者民办非企业机构登记证书。

（2）体系文件。

高校贯标的体系文件包括：知识产权管理文件（主要指知识产权管理手册）；程序文件清单、记录文件清单；程序文件或知识产权有关的制度文件；检查监督的证明文件。

（3）声明文件。

（4）知识产权明细，即专利台账、商标台账、著作权台账等。

（5）知识产权管理体系认证申请书。

（6）其他需要补充的资料。

（二）申请时的指导性文件

为了便于高校填写和准备上述资料，认证机构会另外给高校3份指导性、提醒类的文件。

1.高校知识产权管理体系申请须知

以知产（北京）认证服务有限公司的申请须知为例。

申请须知

非常感谢您对知产（北京）认证服务有限公司的信任与支持。以下事项需要您于申请前予以知悉：

1.请先确认您所在的组织是否已满足以下基本申请资质：

（1）已按GB/T33251—2016标准建立了高校知识产权管理体系，且已有效实施运行至少三个月，并形成文件。

（2）已完成至少一次检查监督或者拟在近期完成检查监督。

（3）知识产权管理体系运行期间（含建立体系前一年）未受到相应主管部门的行政处罚。

2.请查阅申请包中《申请材料完备性清单》并按照以下步骤准备相关材料：

（1）请参照《申请材料完备性清单》后所附文件要求说明准备申请材料，将申请材料逐一放入对应申请包文件夹中，并在清单中进行材料是否提交的勾选；

（2）《IPMS认证申请书》的填写，请参照《IPMS认证申请书》后所附申请书填写说明；

（3）申请组织体系不涉及清单中的某项材料，如资质文件中的行政许可证，《申请材料完备性清单》中打叉，对应文件夹空白即可；

（4）请将知产初次认证申请包发送至我司邮箱，我公司将按《业务部受理流程图》为您进行申请受理，受理过程中您有任何疑问都可咨询我公司。

受理电话：×××-×××××××
知产（北京）认证服务有限公司

2. 申请书填写需要注意的问题

认证机构的申请书模板如下。

高等学校知识产权管理体系认证申请书

申请组织：_____

联系人：_____

联系方式：_____

申请日期：_____

一、申请认证类型

☐ 初次认证　　☐ 再认证　　☐ 变更　　☐ 其他

二、申请组织信息 *

1. 基本信息 *

申请名称 *（全称）：_____；

组织机构代码（统一社会信用代码）*：_____；

通讯地址 *：_____；

邮编 *：_____；行政区划 *：___省___市___区；

法人代表 *：____；知识产权管理委员会负责人 *：____；手机 *：_____；

联系人 *：_____；手机 *：_____；座机 *：_____；

传真：_____；电子邮件地址（联系人）*：_____；

注：* 代表必填项

申请组织总人数*为_____人；申请认证的管理体系覆盖的总人数*为_____人；

管理体系覆盖的职能部门*（包括分校/联合办学等与体系相关职能部门）共_____个，其办公场所*共_____处，全部办公场所详细地址*：_____。

若有多办公场所，请填写申请书附表1《多场所分布表》；若需要子证书，请填写申请书附表《本次认证所含子证书名单》。

2. 咨询辅导机构信息*

近两年内曾向组织提供过知识产权管理体系咨询或辅导的机构及人员：

咨询机构名称	咨询机构联系人	联系电话	邮箱
××市××有限公司	×××	×××××××	××××××××××

3. 管理体系覆盖范围*

（1）申请组织宗旨和业务范围：_____。

本次申请认证的管理体系覆盖的产品或服务范围及主要过程：_____。

国民经济行业分类代码：_____（请参考 IPMS 认证申请书填写说明）。

管理体系运行情况*

体系开始运行时间：_____。体系持续运行时间：_____。

（2）是否完成检查监督：

☑是，最近一次完成内审时间：_____；□否。

希望认证审核时间

①希望启动认证审核日期：_____。

注1：认证审核的正式启动，以申请组织按期提交完整的认证体系审核文件为必要条件。

注2：认证审核分两阶段开展，第二阶段审核时间由审核组根据第一阶段审核情况予以确定。

②现场审核相关事项：

☆办公时间：上午_____下午_____

☆可否接受：□双休□节假日□其他非工作日___否___现场审核（不填则默认为否，即仅接受工作日审核。）

其他信息 *

申请组织过去一年内是否曾发生违反认证体系相关的国家法律法规或其他可能影响本次认证的重大事故：

☑ 否

☐ 是（请注明：   ）

申请组织曾获其他体系认证证书情况 *：_____

证书类型	颁证机构	颁证日期	证书目前状态	备注 *	证书复印件
			☐ 有效 ☐ 过期 ☐ 暂停 ☐ 撤销		☐ 已提供 ☐ 未提供
			☐ 有效 ☐ 过期 ☐ 暂停 ☐ 撤销		☐ 已提供 ☐ 未提供

如证书目前状态为已暂停或撤销，请于备注栏注明原因。

4. 申请认证所需材料

请参考《申请材料完备性清单》提交所需材料：

①请按照《申请材料完备性清单》要求准备知产初次认证申请包并将初次认证申请包发送至我司邮箱；

②所有提交的存档材料均需加盖公章，方视为有效的存档材料，审核以存档材料为准；

③所有提交的文件及材料，需追溯实际发生日期的，均应标注真实有效的时间戳；

④递交申请材料时，应依据实际申请认证类型，填写对应的《申请材料完备性清单》并加盖公章。

确认反馈信息

请申请组织在此确认如下信息：

我方已获悉知产（北京）认证服务有限公司提供的有关认证体系认证方面的公开文件，并由此了解到：

1. 该认证机构的认证业务范围可以覆盖我方申请认证的领域。

2. 认证收费依据国家相应的收费标准。

3. 我方承诺并保证如实申报体系覆盖人数（包括多现场、临时场所、临时工、季节工等）及多场所、临时场所项目数，并且承担因瞒报实际人数、漏报项目数导致影响认证有效性及／或引发的其他任何法律责任。

4. 我方了解并同意：如该认证机构现场审核时发现与实际情形［包括但不限于前述（覆盖人数、场所、项目）］不符，为保障审核的公正、有效性，该认证机构有权增加审核人数和审核费用，且组织人数将上报国家认监委、认可委，届时将会在网上公开发布。

5. 当我方出现影响申请认证体系持续满足认证标准要求能力的情况时，应及时通知认证机构。

上述有关条款，我方的法定授权代表已经仔细阅读、理解并接受。同时我方已仔细阅读、理解并接受此《认证申请书》的全部条款。

特此确认！

认证申请方（盖章）：

认证申请方授权代表（签字）：

申请日期：

二、高校知识产权管理体系认证申请书的填写

（一）申请书第二部分"申请组织信息"

申请组织名称：应填写全称（应与事业单位法人证书或民办非企业单位登记证书上的组织名称一致），且应保持上下文一致（申请书封面、申请书首页、申请材料附件等处）。

联系人／联系方式：应填写有效的联系人和联系方式，当有所变更时，应及时通知。

申请认证的管理体系覆盖的人数：不应少于申请组织总人数的2/3。

多办公场所：应如实详细填写超过一处的办公场所（包括各分/子校区办公场所等）；将涉及多现场抽样，以及证书附件《多场所分布表》。

本次认证所含子证书：若需制作子证书应如实填写，该项信息将直接反映于子证书中。

（二）申请书第三部分"申请认证审核信息"

申请认证范围：应填写本次申请认证的管理体系所覆盖的产品范围及主要过程。

国民经济行业代码：须填写小类数字代码，请参考《国民经济行业分类》（GB/T 4754—2017）填写，尽可能填写全部涉及的行业代码。

管理体系持续运行时间：申请初次认证时，体系应至少已有效运行三个月。

是否完成检查监督：应填写最近一次完成检查监督的时间。

希望认证审核日期：不等于实际启动审核日期，实际审核的启动，以申请组织按期提交完整的认证审核材料为必要条件（建议提前一个月）。

（三）管理体系覆盖范围的确定

填写申请书的难点在于管理体系覆盖范围的确定，不能按照高校登记证书上的内容全文照搬，需要和辅导机构进行充分协商，最终确定认证范围。

例如，某高校登记证书上的业务范围是本科教育、科学研究，经过与辅导机构沟通，本次申请认证的管理体系覆盖范围为：智能工程、统计与大数据及相关学科的教学、科学研究的知识产权管理。

（四）申请材料完备性清单

高校为了不遗漏"申请包"所需要的全部资料，需要对照《申请材料完备性清单》进行勾选。如果遗漏，认证机构在第一阶段文件审核时会通过电子邮件的形式提醒高校进行资料补充。

申请材料完备性清单

申请组织名称：×××学院

申请时间：××××年××月××日

申请类型：□初次认证 □再认证 □变更 □其他

申请及归档材料类型：□电子材料 □纸质材料

序号	文件类型	申请材料名称	备注
1	完备清单	□申请材料完备性清单（word版）	
2	申请书	□认证申请书（word版和盖章扫描件PDF版各一份）	
3	资质文件	□事业单位法人证书或民办非企业单位登记证书（扫描件盖章PDF版，含组织机构代码证） □办学许可证（扫描件盖章PDF版） □其他相关资质证明（扫描件盖章PDF版）	
4	体系文件	□知识产权手册（最新签批后的PDF版） □申请组织简介 □知识产权目标、政策、规划 □知识产权管理委员会成立的证明材料 □知识产权管理体系覆盖的组织机构图 □职能角色分配表 （上述5项如手册中已涉及则无须额外提供，手册中不涉及请单独提供） □程序文件清单、记录文件清单 □程序文件（最新签批后的PDF版） □最新检查监督的证明文件（包括但不限于：计划、签到表、检查监督报告、改进措施）（签章PDF版） □知识产权清单（各类知识产权数量，如专利、商标、著作权等）	
5	声明文件	□申请组织声明（盖章PDF版）	
6	适用性材料	□《多场所分布表》（签章PDF版） □各下属事业单位法人证书或民办非企业单位登记证书扫描件（签章PDF版） □《本次认证所含子证书名单》（签章PDF版）	
7	其他	□无 □其他补充资料 补充资料名称：	

项目管理人员： 日期： （认证机构填写）

（五）申请组织发票信息

高校根据实际开票信息进行填写。

三、高校程序制度文件的制定

（一）程序文件的概念

在未推行知识产权贯标工作之前，我国许多高校出台过一些关于成果转化、奖励等制度的文件，知识产权制度会碎片化分散在几个制度文件中，不系统、不完善、不全面，甚至不合理，不合政策。随着新形势、新要求、新发展的需要，高校有些知识产权制度可能与现有新政策有抵触，需进行调整或做出新的更细的规定。有些知识产权事务可能从未涉及，如高校知识产权申请如何进行申请前的评估、对外产学研合同风险如何规避、学校知识产权被侵犯如何行动、校名校徽等如何进行规范管理。因此，通过高校贯标的契机，需要对学校的知识产权管理工作进行全面的梳理和提升，制定出台相关的控制程序文件或制度文件（控制程序在认证文件里属于外来翻译词汇，常用于标准的制定，而国内习惯于叫某某制度、规定，其作用实质基本相同），以满足高校高质量管理、保护和运营的需要。

某高校在贯标过程中创新出台和完善了十个方面的程序文件，从文件控制、外来文件与记录、保密等基础性制度，到高校知识产权运用管理、知识产权保护及风险管理等进行了完善。全部记录文件如表3-1所示。

表3-1 某某学院知识产权记录文件——受控文件目录

序号	文件名称	文件编号	版本	归属部门	保管期限	保管方式	备注
1	文件控制程序	ZZCJ-IP-420-01	A/0	知识产权管理委员会	3年	电子/纸质	
2	外来文件与记录控制程序	ZZCJ-IP-420-02	A/0	知识产权管理委员会	3年	电子/纸质	

续表

序号	文件名称	文件编号	版本	归属部门	保管期限	保管方式	备注
3	保密控制程序	ZZCJ-IP-640-01	A/0	知识产权管理委员会	3年	电子/纸质	
4	法律法规及其他要求控制程序	ZZCJ-IP-650-01	A/0	知识产权管理委员会	3年	电子/纸质	
5	信息资源控制程序	ZZCJ-IP-650-02	A/0	知识产权管理委员会	3年	电子/纸质	
6	知识产权获取控制程序	ZZCJ-IP-713-01	A/0	知识产权管理委员会	3年	电子/纸质	
7	知识产权维护控制程序	ZZCJ-IP-713-02	A/0	知识产权管理委员会	3年	电子/纸质	
8	知识产权运用管理控制程序	ZZCJ-IP-800-01	A/0	知识产权管理委员会	3年	电子/纸质	
9	知识产权保护及风险管理控制程序	ZZCJ-IP-900-01	A/0	知识产权管理委员会	3年	电子/纸质	
10	检查监督控制程序	ZZCJ-IP-101-01	A/0	知识产权管理委员会	3年	电子/纸质	

（二）记录文件示例

【例1】知识产权获取控制程序

某大学关于知识产权的申请流程、保密、职务发明的权利归属、对外合作的知识产权归属等制定工作流程，参考《高等学校知识产权管理规范》，做出了详细规定。

某学院知识产权获取控制程序

一、目的

对本校知识产权获取过程进行控制，确保知识产权获取过程符合法律和保密性要求，特制定本程序。

二、适用范围

适用于本校所有知识产权获取过程的控制。

三、职责

1. 知识产权管理委员会、知识产权运营管理中心负责知识产权获取的组织和实施工作。

2. 其他知识产权需求部门根据知识产权分解目标编制各自的知识产权获取工作计划，并根据工作需要提出知识产权获取申请。

3. 学校知识产权管理办公室负责管理知识产权工作，处理学校知识产权管理的日常事务。各院（所、中心、实验室）须指定一名负责人分管知识产权工作，在申请知识产权审批环节中，对申请内容严格把关，确保符合国家法律法规及国家民族宗教政策。

知识产权管理办公室的主要职责

（1）普及国家知识产权相关法律法规、政策，接受师生员工知识产权咨询。

（2）制定和宣传学校知识产权工作的政策及规定。

（3）负责学校知识产权的申请、保护和运营管理。

（4）开展知识产权相关的技术转移和转让。

（5）协助学校法律顾问进行知识产权相关纠纷的处理。

（6）负责知识产权的审查、登记、整理和归档。

（7）完成上级主管部门交付的知识产权相关工作。

4. 工作程序

（1）知识产权获取工作计划

其他知识产权需求部门根据知识产权目标及分解指标，制定部门《年度知识产权目标分解表》，明确知识产权种类、获取方式、完成人员、时间节点及技术领域等信息。知识产权获取种类包括专利、商标、著作权（版权）的申请和商业秘密的形成。获取方式包含自主研发、许可或转让等，获取途径包含自主申请或委外等。

与国内外单位或个人进行合作（包括委托）研究或开发，必须按照《中华人民共和国技术合同法》签订科技合同，并对知识产权归属及利益分配加以约定。

(2) 知识产权获取申请

知识产权需求部门根据《年度知识产权目标分解表》提出具体技术内容（专利申请需要提交技术交底书），填写《知识产权申请审批表》，提交给知识产权管理委员会。

(3) 知识产权署名权保护

专利、著作权等知识产权的发明人或作者署名依据贡献大小确定先后顺序，填入《知识产权申请审批表》相关栏目中，并经发明人或作者签字确认，以保障发明人或作者的署名权。

(4) 知识产权获取前的检索、评估

知识产权运营管理中心根据《知识产权申请审批表》的申请内容，确定拟申请内容概述。知识产权运营管理中心将评估意见填入《知识产权申请审批表》，经知识产权管理委员会批准后，即可组织获取。

5. 专利的获取

属于专利申请的，知识产权运营管理中心委托专利代理机构或自主撰写专利申请文件，形成《专利检索报告》，撰写完成后，经发明人确认后提交国家知识产权局。

(1) 专利申请程序

①发明人填写《学院职务专利申请审批表》，申请的专利应与其从事的科研工作相关，经所在学院审查确认后，交科研处审批。

②职务发明创造的专利申请，发明人可经学校同意后向专利代理机构代理专利申请。

③专利申请过程产生的所有文件由学校统一管理，发明人不得自行获取、保留相关文件原件。

(2) 软件著作权申请程序

开发人申请软件著作权填写《学院计算机软件著作权登记申请审批表》，申请的软件著作权应与其从事的科研工作相关，经所在学院审查确认后，交科研处审批。开发人经学校同意后可以直接提交中国版权保护中心，或者通过代理机构提交登记申请。

（3）对职务发明创造申请专利的，发明人或设计人及相关人员应对发明创造的内容予以保密，注意保护其发明创造的新颖性。只有在办理了专利申请并取得了专利申请号以后，才能申请科技成果鉴定、发表论文，参加学术会议或展览、展示会等。提出专利申请或专利申请公布以后，发明人或设计人及相关人员还应对与专利申请内容有关的未公开的技术、方法、技巧予以保密。

（4）关系到国家安全和利益的技术，按国家、上级主管部门及学校有关规定确定密级；涉及国防和对国防建设有潜在作用需要保密的发明创造，需申请专利的应申请国防保密专利。

（5）发明创造成果有必要向国外或境外申请专利的，须经学校审批后，请求国务院专利行政部门进行保密审查，再由学校委托涉外专利代理机构办理。

6. 商业秘密的获取属于学校商业秘密形成地，知识产权运营管理中心负责更新相关台账。

7. 知识产权申请过程中收到的各类通知书和证书类外来文件，知识产权运营管理中心应及时归档管理，执行《外来文件与记录控制程序》《法律法规及其他要求控制程序》。

8. 知识产权归属

（1）职务技术成果的所有权属于学校。职务技术成果申请授权后，学校为权利人。未经学校许可，任何单位和个人都无权使用和转让职务技术成果。

（2）凡学校教职工、在校学生、进修或合作研究人员，进行非职务性知识产权的申请、注册、登记、转让、使用许可及实施许可的，必须填写《学院非职务发明证明表》，由所在单位主管负责人签署意见后，报学校科研处审核。对于符合非职务性条件的，由学校出具相应证明后方可办理非职务专利申请。

9. 职务技术成果的范围

（1）在本职工作中所完成的技术成果。

（2）履行学校交付的本职工作之外的任务所完成的技术成果。

（3）离退休、辞职、调离或因其他原因离开学校的职工，自离退休或离开学校之日起一年内做出的，与在校期间承担的任务有密切联系或直接属于学校本职工作范围内的技术成果。

（4）凡利用上级部门划拨的科研经费、学校的资金、仪器设备、零部件及材料、图书资料、网络资源或不向外公开技术资料等完成的技术成果。

10.学校接受外单位的委托或与外单位合作完成的技术成果，其知识产权的归属：

（1）学校接受外单位的委托（另有协议约定的除外），申请专利的权利属于学校（或我校与外单位同为申请人），专利申请授权后，申请单位（或我校与外单位共同）为专利权人。

（2）学校接受外单位的委托完成的发明创造，合同未约定的，申请专利的权利属于学校；专利申请授权后，学校为专利权人。

11.由学校主持、代表学校意志创作并由学校承担责任的作品为学校法人作品，其著作权由学校享有。

12.知识产权管理本着科学严谨的原则，专利发明人、软件著作权开发人等知识产权的署名应依据贡献大小排序，受理或授权后一般不做变更。

【例2】知识产权维护控制程序

某高校对学校的知识产权维护、评估、变更、放弃等方面制定了工作流程，参考《高等学校知识产权管理规范》（GB/T 33251—2016）建立知识产权维护控制程序，要求建立《专利管理台账》《商标管理台账》《著作权管理台账》《知识产权变更审批表》《知识产权放弃审批表》等文件。

某大学知识产权维护控制程序

1.目的

对学校知识产权维护（包括缴费、变更、评估、放弃等）过程进行控制，保证知识产权维护工作满足学校利益要求。

2. 适用范围

适用于学校知识产权维护（包括缴费、变更、评估、放弃等）等过程的控制。

3. 职责

知识产权运营管理中心具体负责学校专利、商标、著作权的维护工作，知识产权管理委员会统筹该项工作。

4. 工作流程

（1）建立知识产权分类管理档案，主要包含《专利管理台账》《商标管理台账》《著作权管理台账》，对其状态进行管理，并进行日常维护。

（2）知识产权评估

知识产权管理委员会在每年初组织召开会议，对该年即将到期的知识产权进行评估，确定相关知识产权是否缴费，并形成《知识产权维持、变更、放弃申报审批表》。

（3）专利维持、商标的续展和放弃缴费

评估后，知识产权管理运营中心应及时对专利维持费用和商标的续展费用情况进行跟踪；对放弃缴费的专利和商标，应填写《知识产权维持、变更、放弃申报审批表》，在通过知识产权管理委员会审批后，停止对该专利和商标的缴费。

（4）知识产权权属的变更、放弃

当知识产权权属的相关信息发生变化时，知识产权运营管理中心应填写《知识产权维持、变更、放弃申报审批表》，待知识产权管理委员会审核，校长审批后进行著录项目变更，并在各类别的知识产权管理台账中记录（图 3-2）。

（5）变更、放弃工作程序

5. 相关记录

（1）《专利管理台账》。

（2）《商标管理台账》。

（3）《著作权管理台账》。

（4）《知识产权变更审批表》。

(5)《知识产权放弃审批表》。

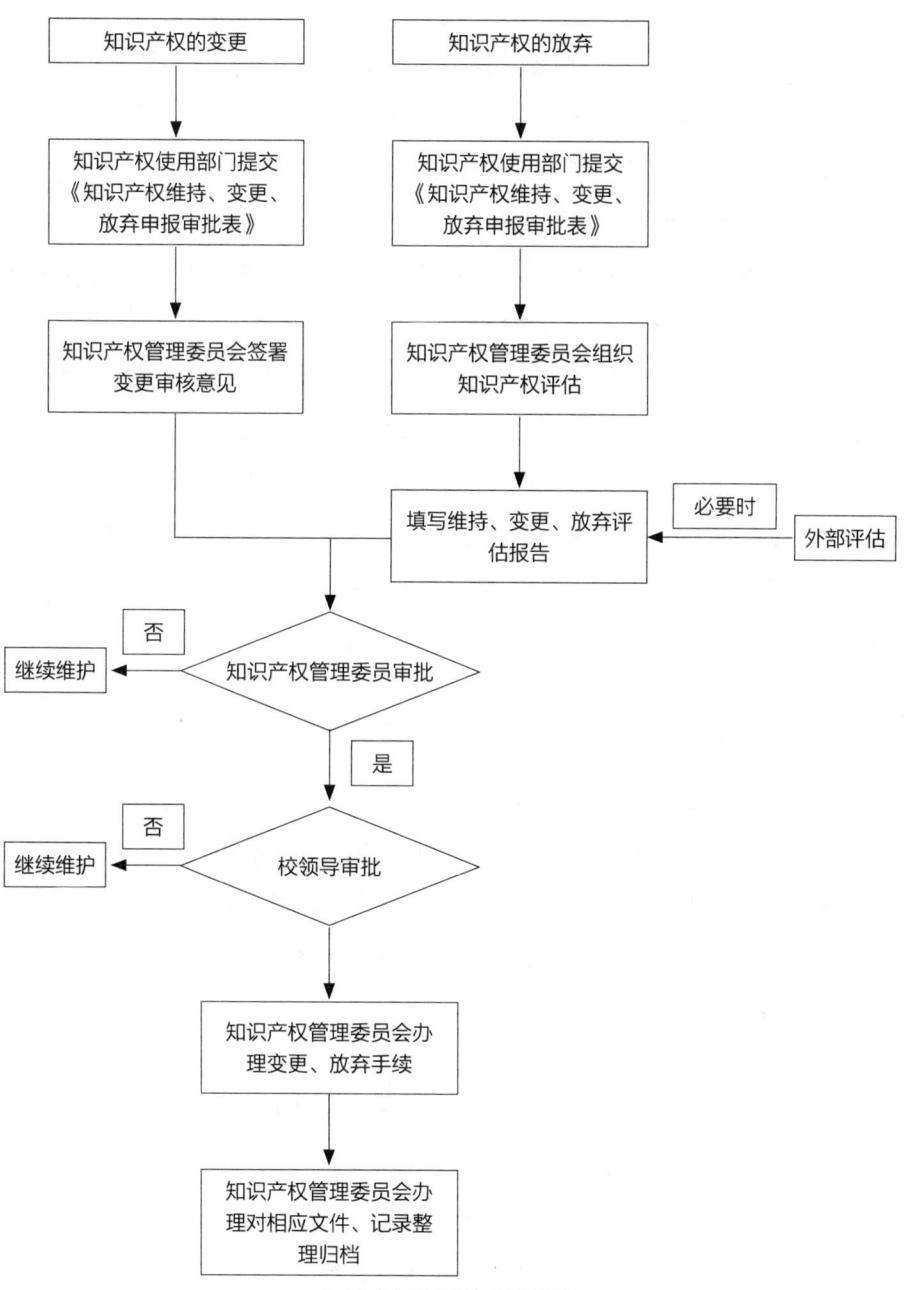

知识产权变更放弃流程图

【例3】高校科技成果转移转化管理办法

在实践中，由于现行的政府部门科技和知识产权"双轨制"管理现状，高校对科技的管理制度更加重视。因此，许多高校通常以红头文件形式出台有关科技成果管理的制度文件，并未单独制定出台知识产权方面的专门制度，但只要有知识产权相关的管理内容体现和要求，在认证机构进行现场审核时，如果能在制度文件中找到标准条款所要求的对应的规定，审核员也视为高校开展和落实了该项工作。

如某理工大学出台了《某理工大学自然科学科技成果转移转化管理办法》，其中包括了总则、组织管理、成果转化、收益分配、保障措施、法律责任、附则七部分内容。虽然文件名字中并未体现知识产权内容，但实际内容里涉及了知识产权的详细规定和要求，也属于高校贯标中开展了知识产权制度制定这项工作。下面对《某理工大学自然科学科技成果转移转化管理办法》中第四章"收益分配"和第六章"法律责任"有关内容摘录如下：

第四章　收益分配

第十一条　本办法所指"收益"是指成果转化过程中所得的净收入。

第十二条　科技成果在不变更职务科技成果权属时，许可他人使用所得收益由学校、学院和科技成果完成人按照比例一次性分配。

第十三条　科技成果转化若需所属权变更时，其所得收益由学校、学院和科技成果完成人按照1:1:8的比例一次性分配。

第十四条　以科技成果作价投资取得的股份或出资比例，科技成果完成人享有80%～90%的股权，具体比例由科技成果转移转化工作领导小组确定，剩余股权收益由泰科公司和学院按照2:1的比例分配。

成果完成人可以直接持股，其余股份或股权由泰科公司代为持股。股份或科技股权收益或分红按照我国公司法有关规定执行，泰科资产公司所持股份或股权红利变现后，按照规定比例分配给学院。

第十五条　科技成果完成人收益部分由成果负责人根据贡献大小在成果完

成人之间进行分配,并依法缴纳个人所得税,学校和学院收益部分作为科研发展基金使用。

第十六条　学校正职领导以及所属具有独立法人资格单位的正职领导,是科技成果的主要完成人或者为成果转移转化作出重要贡献的,可以按照学校成果转移转化奖励和收益分配办法给予现金奖励,原则上不得给予股权激励。在担任现职前因科技成果转化获得的股权,任职后应及时予以转让,逾期未转让的,任期内限制交易。限制股权交易的,在本人不担任上述职务一年后解除限制。

其他担任领导职务的科技人员,是科技成果的主要完成人或者为成果转移转化作出重要贡献的,可以按照学校成果转化奖励和收益分配办法给予现金、股份或出资比例等奖励和报酬。

对担任领导职务的科技人员的科技成果转化收益分配实行公示和报告制度,明确公示其在成果完成或成果转化过程中的贡献情况及拟分配的奖励、占比情况等。

第六章　法律责任

第二十一条　学校师生员工,未经学校允许,不得泄露学校的技术秘密,不得擅自转让职务科技成果以及利用或变相利用职务成果创办科技型公司;有关人员在离职、离休、退休后约定的期限内不得从事与学校相同的科技成果转化活动。

第二十二条　学校将严肃查处科技成果转化活动中各类违规、违纪和违法行为。情节较轻的,给予通报批评、责令整改,并收缴违法所得;给学校造成名誉损害的,学校将依据有关规定给予相应的处分;给学校造成经济损失的,依法承担民事赔偿责任;构成犯罪的,依法移送司法机关追究刑事责任。

【例4】知识产权管理手册

《知识产权管理手册》是高校贯标的纲领性、指导性的文件,阐述了高校的知识产权方针、目标和核心价值观,是高校知识产权管理体系及一切知识产权活动必须遵循的纲领性文件和基本行为准则。封面上主要显示编制、审核、批准人员的亲笔签名，发布日期和实施日期。

手册内容包括前言、颁布令、学校简介、知识产权工作目标、任命书等；其次，还有《高等学校知识产权管理规范》文件全文，其中最具操作性的文件是学校的组织结构图、知识产权管理职责分解表等。

1. 某校《知识产权管理手册》封面

文件编号：××××- IP-SC - 2021

版 本 号： A/0
受控状态： 受控
密 级： 秘密

知识产权管理手册

编制：_____ 日期：××××年××月××日
审核：_____ 日期：××××年××月××日
批准：_____ 日期：××××年××月××日

××××年9月15日发布　　　　××××年9月15日实施

××××年××月××日　　　　某某学院

2. 颁布令

学校在开展贯标前，由校长或者主管知识产权工作的副校长签发"颁布令"，是学校要开展这项工作的标志和号令，在其中特别指出《知识产权管理手册》由知识产权管理委员会组织学校相关部门有关人员进行编写，一经颁布，立即生效，要求学校所有部门和全体师生严格贯彻执行。颁布令由学校以红头文件的形式进行下发和公布。

3. 知识产权工作目标

高校贯标工作需要设立知识产权工作目标，一般设立三年短期目标和五年的长远目标，围绕实现这些目标进行各部门、院系的职责分配，制订年度工作计划和考核目标分解。

(1) 如某学院制定的知识产权工作目标如下

学校知识产权三年工作目标：

①知识产权数量和质量稳中有升，申报发明专利 100 件以上，授权 30 件以上，注重专利质量，力争获得某某省专利奖、中国专利奖各 2 项；

②科技创新能力不断提升，知识产权专员参与 5 个以上国家级课题项目研究，参与新建立 5 个以上市厅级科研平台；

③科技成果转移转化工作持续开展，每年开展科技成果转移转化对接活动不少于 4 次，力争专利科技成果转移转化达到 100 件，专利许可金额突破 1000 万元；

④加大人才培养力度，依托知识产权远程教育平台培养知识产权管理人才、技术经理人、创新创业人才 1000 人次。

(2) 长期知识产权工作目标

不断增强知识产权意识和管控能力，实现全过程知识产权管理，提高科技创新能力，促进科技创新成果的价值实现，支撑学校转型发展。

4. 任命书

为了加强学校知识产权管理体系的领导和运行，高校通常会在颁发的《知识产权管理手册》里，明确一个部门来统筹学校的知识产权重大事务，负责全校的知识产权政策的制定和规划，建立绩效考核指标，并明确主要负责人员这项工作的开展和监督执行。实际操作中，有的学校以红头文件的形式，成立学校知识产权监督委员会并确定人员构成情况，赋予相关知识产权职责范围，明确日常管理运行机构。学校可根据实际情况进行任命，如明确管理委员会下设办公室，常设机构设在校科研处等。

某高校的任命书如下：

任 命 书

为贯彻执行我校《高等学校知识产权管理规范》(GB/T 33521—2016)及相关法律法规要求，我校以知识产权管理委员会作为知识产权管理主要职责部门，全面负责知识产权事务：

一、学校知识产权管理委员会主要人员

主任：王某

副主任：刘某

主任助理：李某某

二、主要承担以下职责

(1) 拟定与我校科学研究、社会服务、人才培养、文化传承创新相适应的知识产权长期、中期和短期目标。

(2) 审核知识产权政策、规划，并监督执行情况。

(3) 建立知识产权绩效评价体系，将知识产权作为我校绩效考评的评价指标之一。

(4) 提出知识产权重大事务决策议案。

(5) 审核知识产权重大资产处置方案。

(6) 统筹协调知识产权管理事务。

四、高校知识产权管理体系标准条款的理解

为了便于高校贯标参与人员加深对标准条款的操作，《知识产权管理手册》最大的篇幅就是对标准条款的通俗易懂的解释，并明确指出每个条款需要填写的对应表单，或者需要留存什么样的文件资料，以证明学校贯彻了标准条款的要求，并方便认证机构审核员的现场查阅。

例如，在对《高等学校知识产权管理规范》(GB/T 33251—2016)中"7.知识产权获取"和"8.知识产权运用"进行解读时，某高校在《知识产权

管理手册》中提出下列要求：

七、知识产权获取

（一）自然科学类科研项目

1. 选题

（1）项目组检索拟研究选题的知识产权信息，分析信息，跟踪最新相关研究进展，确定研究方向和重点。通过填写《科研项目知识产权信息跟踪表（选题阶段）》进行节点控制。

（2）在必要的情况下，可以委托知识产权外部服务机构进行知识产权信息检索，并出具《知识产权检索报告》。

2. 立项

（1）立项阶段应获取立项项目的知识产权文献，结合选题阶段的知识产权信息，对拟立项的研究方向进行专利信息及科技文献的分析，确定项目的研究目的、技术路线和知识产权目标。通过填写《科研项目知识产权信息跟踪表（立项阶段）》对照规范要求进行节点控制。

（2）知识产权管理机构应对立项项目的知识产权相关事项进行审查、登记，主要包括项目合同的条款中是否明确知识产权归属、使用、处置、收益分配事项，项目的知识产权目标，项目人员的知识产权培训情况，以及知识产权专员设置。在科研项目管理中，对科研项目的立项台账，应当设有"合同知识产权条款""项目知识产权目标""项目人员知识产权状况"等事项。对于有条件的高校，可以单独建立《合同知识产权事项登记表》登记相关事项。

（3）知识产权管理机构可根据我校各类课题立项的时间、规模等情况，开展对科研人员的知识产权意识培训，定期对科研人员开设知识产权讲座、适时对不同的项目组开展知识产权座谈。并建立《项目成员知识产权培训登记表／台账》。

（4）重大科研项目应明确设置知识产权专员。知识产权专员主要工作内容为知识产权目标分解与中期检查、知识产权培训及知识产权日常管理。

3. 实施

（1）项目实施阶段及时跟踪项目研究领域的专利信息、文献情报，结合研究进展分析信息，及时调整项目研究方向、技术路线和知识产权目标，通过填写《科研项目知识产权信息跟踪表（实施阶段)》形成记录，进行节点控制。对于与生产经营单位合作的项目，项目组对预期成果进行知识产权风险评估，避免合作单位在生产经营过程中侵犯他人知识产权。此类项目建议委托知识产权外部服务机构进行知识产权信息检索分析，并出具《知识产权检索报告》或《知识产权风险评估报告》，填写《科研项目实施过程知识产权跟踪检索记录表》。

（2）对申请知识产权的，如专利、集成电路布图设计、软件著作权登记、植物新品种登记，应填写《知识产权申请审批表》《专利申请审批表》《PCT 申请审批表》等，若学校给予知识产权申请经费资助，则还应当填写《知识产权申请资助表》。同时知识产权管理机构应及时建立知识产权台账，如《专利申请台账》《知识产权变更审批表》《知识产权放弃登记（审批）表》《知识产权评估表》等。对于有条件的项目组、高校，可以委托知识产权外部服务机构进行有针对性的《科研项目成果知识产权保护策划报告》，形成则如专利布局等系统的保护方案。

《专利申请台账》可以以书面表单的形式记录，有条件的可以建立知识产权（专利）信息管理系统平台来提高知识产权管理效率。专利申请台账的记录事项包括专利名称、申请号、专利类型、发明人、申请人、学院（系）、申请日、审查信息、授权日、法律状态等。

（3）为避免项目信息发布影响有关知识产权授权，需建立项目信息发布台账，项目组成员在发布、公开与本项目有关的信息之前，应经项目组长审查批准方可，项目组可通过填写《科研项目信息发布审批表》进行节点控制。

（4）使用其他单位管理的国家重大科研基础设施和大型科研仪器时，应约定保护身份信息以及在使用过程中形成的知识产权和科学数据归属等要求。

（5）对研究成果及时评估，根据相关知识产权信息分析，并结合研究成果特点确定选择专利申请、著作权、植物新品种登记、技术秘密等保护方式，项目组可通过填写《科研项目成果保护策划表》对照规范要求进行节点控制。

4. 结题

结题阶段的知识产权管理

（1）项目结题时，应当填写《科研项目成果知识产权清单》，并评价项目知识产权管理和保护完成情况，提交知识产权清单，形成知识产权评价报告，以及提出知识产权运用建议。

（2）在项目实施阶段出具过"科研项目成果保护策划报告"，可结合报告进步给出科研项目成果知识产权运用策划报告，也可以委托专业知识产权服务机构进行策划。

（3）提出知识产权运用建议。

八、知识产权运用

（一）分级管理

1. 在利用专利价值分析的基础之上，通过最终的专利价值来划分专利所处的位置。

2. 知识产权管理机构应对知识产权进行价值分析，并形成知识产权分级清单，必要时可委托知识产权外部服务机构进行价值分析。

3. 根据专利分级结果，制定不同价值层级的专利管理方案：（1）针对价值较高的专利，优先考虑作为专利运营的对象，即通过批量专利分级分类对专利进行初选，然后将价值较高的专利作为分析样本，从中选取感兴趣的专利再进行单个专利的价值分析，最终确定专利的价值度较高的专利。（2）针对价值度较高的相关团队、学科、技术领域着重打造我校的优势创新团队、优势学科、优势技术，并大力对外推介，形成高校技术创新领域的重要特色。（3）针对价值度较低的专利，组织专家分析导致专利价值度低下的原因，同时要形成高价值相关团队、学科、技术领域的经验分享机制，共同促进高校创新事业的发展。

（二）策划推广

1. 在专利分级的基础上，基于分级清单，对于有转化前景的知识产权，评估应用前景，制定不同价值层级的专利管理方案。

（1）针对低价值专利，制定放弃机制，即专利权维持若干年之后可以主动放弃。

(2) 针对一般价值的专利，可适当延长专利维持的年限，以支持形成专利组合以及专利包（核心专利的外围专利）作为该层级专利的重要用途，应根据专利价值分析规定该层级专利许可、转让的基础价格。

(3) 针对高价值专利，应着力打造以高价值专利为核心的专利保护组合，提升高价值专利的保护力度，并将其作为重点专利运营的对象，开展市场应用范围确定、潜在应用对象调查、技术推介等一系列活动，并明确技术转让、许可的基础价格。

2. 知识产权转化策略制定实施流程如下：

(1) 明确知识产权转化目标，转化目标应与我校的知识产权目标相适应；

(2) 确定知识产权转化标的，根据分级情况确定转化标的；

(3) 定义与评估目标客户，包括客户的知识产权需求、实施计划、实施能力等，综合考虑投资主体、权利人的利益，制定转化策略；

(4) 知识产权推广，通过展示、推介、谈判等建立与潜在用户的合作关系，结合市场需求，将知识产权进行组合并推广；

(5) 拟订知识产权运用方式，根据潜在客户特征，拟订许可、转让或作价投资的运用方式。

3. 制定激励政策，鼓励师生员工利用知识产权创业。

(三) 许可和转让

1. 在许可和转让、作价投资等专利运用前，知识产权管理机构应当审核确认知识产权的法律状态及权利归属，填写《知识产权有效性审核表》，确认相关知识产权的有效性。可以对拟运用的专利进行评估，也可以委托知识产权外部服务机构进行评估，并填写专利评估报告。

2. 调查被许可方或受让方的实施意愿，防止恶意申请许可与购买行为。

3. 许可或转让时，应签订书面合同，许可或转让合同应明确双方的权利和义务。

4. 监控许可或转让的全过程，并形成台账。我校知识产权合同管理流程主要包括拟订、会审、签订、履行、跟踪监督、归档。一般来说，整个流程由合同需求部门发起，由其负责人提出并起草合同草案，同时对该合同行为的相关情况进行说明；然后交由学校进行合同会审，对合同文本进行审核并出具意见，再由学校授权签订合同，合同履行过程中进行跟踪监督，合同履行完毕后，进行统一存档管理。

（四）作价投资

1. 在知识产权作价入股时，知识产权管理机构应当对合作方的经济实力、管理水平、生产能力、技术能力、营销能力等实施能力进行调查，必要时可委托知识产权外部服务机构进行尽职调查。

2. 对知识产权价值进行评估，必要时可委托有资质的第三方进行知识产权价值评估。

3. 根据调查情况与作价入股的专利评估情况，在作价投资合同中明确与合作方的受益方式和分配比例。

五、知识产权管理职责分解

高校部门、院系的知识产权管理职责划分是高校推行贯标工作的一个难点，因为对高校许多部门来说，这是一项新的任务，甚至被认为是在现有繁重的工作量上，又增加的一项"额外的负担"，因此有些部门不愿意完成这项任务，认为这项条款对应的工作职责不该由该部门来承担。这时候就需要校领导的权威和决心，以及学校现有管理和实际运行中，按照"四少"原则，即少"伤筋动骨"、少"翻天覆地"、少"地动山摇"、少"鸡犬不宁"，在尽量维持学校现有的机构、编制、预算、人员不发生大的调整和动荡的情况下，工作暂时由与条款相近的部门承担，尽可能把标准条款对应的工作职责分解下去。

当然，随着学校各项事业的发展，如学校新成立了大学科技园、高校知识产权运营中心等新的机构，各部门管理职责可能会经常性发生变动，但只要符合学校的科学管理和运行实际，都是认证机构所允许和接受的。

高校的知识产权管理职责分解为便于掌握和明晰，通常会通过表格形式在手册中呈现。某高校知识产权管理职责分解如表3-2所示。

表 3-2 知识产权管理职责分解

知识产权管理体系要求	校长	知识产权管理委员会/(科研处)	教务处	财务处	总务处	人事处	图书馆	创新创业学院	自科院/(系)	人文社科院/(系)
4 知识产权文件管理										
4.1 文件类型	△	▲	△	△	△	△	△	△	△	△
4.2 文件控制	△	▲	△	△	△	△	△	△	△	△
5 组织管理										
5.1 校长	▲	△	△	△	△	△	△	△	△	△
5.2 管理委员会	△	▲	△	△	△	△	△	△	△	△
5.3 管理机构	△	▲	△	△	△	△	△	△	△	△
5.4 服务支撑机构	△	▲	△	△	△	△	▲	△	△	△
5.5 学院(系)	△	△	▲	△	△	△	▲	△	▲	▲
5.6 项目组										
5.6.1 项目组长	△	△	△	△	△	△	△	△	▲	▲
5.6.2 知识产权专员	△	△	△	△	△	△	△	△	▲	▲
5.7 知识产权顾问	△	△	△	△	△	△	△	△	△	△
6 资源管理										
6.1 人力资源										
6.1.1 人事合同	△	△	△	△	△	▲	△	△	△	△

续表

知识产权管理体系要求	校长	知识产权管理委员会/(科研处)	教务处	财务处	总务处	人事处	图书馆	创新创业学院	自科院(系)	人文社科院/(系)
6.1.2 培训	△	▲	△	△	△	△	△	△	▲	▲
6.1.3 激励与评价	△	▲	△	△	△	△	△	△	△	△
6.1.4 学生管理	△	△	▲	△	△	△	△	△	△	△
6.2 财务资源	△	△	△	▲	△	△	△	△	△	△
6.3 资源保障	△	△	△	△	▲	△	△	△	△	△
6.4 基础设施	△	△	△	△	▲	△	△	△	△	△
6.5 信息资源	△	△	△	△	△	△	▲	△	△	△
7 知识产权获取										
7.1.1 选题	△	△	△	△	△	△	△	△	▲	△
7.1.1 立项	△	△	△	△	△	△	△	△	▲	△
7.1.3 实施	△	△	△	△	△	△	△	△	▲	△
7.1.4 结题	△	△	△	△	△	△	△	△	△	▲
7.2 人文社会科学类科研项目	△	▲	△	△	△	△	△	△	△	▲
7.3 其他	△	△	△	△	△	△	△	△	△	△
8 知识产权运用										
8.1 分级管理	△	△	△	△	△	△	△	△	△	△

续表

知识产权管理体系要求	校长	知识产权管委会/(科研处)	教务处	财务处	总务处	人事处	图书馆	创新创业学院	自科院(系)	人文社科院(系)
8.2 策划推广	△	△	△	△	△	△	△	▲	△	△
8.3 许可和转让	△	△	△	△	△	△	△	▲	△	△
8.4 作价投资	△	△	△	△	△	△	△	▲	△	△
9 知识产权保护										
9.1 合同管理	△	▲	△	△	△	△	△	△	△	△
9.2 风险管理	△	▲	△		△	△	△	△	△	△
10 检查和改进										
10.1 检查监督	△	▲	△	△	△	△	△	△	△	△
10.2 绩效评价	△	▲	△	△	△	△	△	△	△	△
10.3 改进提高	△	▲	△	△	△	△	△	△	△	△

注：▲代表该部门承担对应标准条款的工作职责。
△代表该部门不承担对应标准条款的工作职责。

为了便于学校各单位理解自己的职责,《知识产权管理手册》中还会以文字叙述的方式,明确各单位的职责。参考《高等学校知识产权管理规范》(GB/T 33251—2016),某某学院各部门职责分配如下:

某学院各部门职责分配

一、校长

(1) 批准和发布高校知识产权目标。

(2) 批准和发布知识产权政策、规划。

(3) 审核或在其职责范围内决定知识产权重大事务。

(4) 明确知识产权管理职责和权限,确保有效沟通。

(5) 确保知识产权管理的保障条件和资源配备。

二、知识产权管理委员会(科研处)

(1) 配备知识产权管理人员和知识产权专员,协助院系、科研机构负责人承担本部门以下职责:知识产权计划拟订和组织实施;知识产权日常管理,包括统计知识产权信息并报送知识产权管理机构备案等。

(2) 拟定与高校科学研究、社会服务、人才培养、文化传承创新相适应的知识产权长期、中期和短期目标。

(3) 审核知识产权政策、规划,并监督执行情况。

(4) 建立知识产权绩效评价体系,将知识产权作为高校绩效考评的评价指标之一。

(5) 提出知识产权重大事务决策议案。

(6) 审核知识产权重大资产处置方案。

(7) 建立职务发明奖励报酬制度,依法对发明人给予奖励和报酬,对为知识产权运用做出重要贡献的人员给予奖励。

(8) 统筹协调知识产权管理事。

三、教务处

(1) 配备知识产权管理人员和知识产权专员,协助院系、科研机构负责人承担本部门以下职责：知识产权计划拟订和组织实施；知识产权日常管理，包括统计知识产权信息并报送知识产权管理机构备案等。

(2) 组织对学生进行知识产权培训，提升知识产权意识。

(3) 学生进入项目组，应对其进行知识产权提醒。

(4) 学生因毕业等原因离开高校时，可签署知识产权协议或保密协议。

(5) 根据需要面向学生开设知识产权课程。

(6) 配合知识产权管理委员会工作。

四、财务处

(1) 配备知识产权管理人员和知识产权专员，协助院系、科研机构负责人承担本部门以下职责：知识产权计划拟订和组织实施；知识产权日常管理，包括统计知识产权信息并报送知识产权管理机构备案等。

(2) 设立经常性预算费用，用于知识产权申请、注册、登记、维持；知识产权检索、分析、评估、运营、诉讼；知识产权管理机构运行；知识产权管理信息化；知识产权信息资源；知识产权激励；知识产权培训；其他知识产权工作。

(3) 配合知识产权管理委员会工作。

五、总务处

(1) 配备知识产权管理人员和知识产权专员，协助院系、科研机构负责人承担本部门以下职责：知识产权计划拟订和组织实施；知识产权日常管理，包括统计知识产权信息并报送知识产权管理机构备案等。

(2) 加强知识产权管理的资源保障，包括建立知识产权管理信息化系统；根据需要配备软硬件设备、教室、办公场所相关资源，保障知识产权工作的运行。

(3) 加强基础设施的知识产权管理，包括：

①采购实验设备、软件、用品、耗材时明确知识产权条款，处理实验用过物品时进行相应的知识产权检查，避免侵犯知识产权；

②国家重大科研基础设施和大型科研仪器向社会开放时，应保护用户身份信息以及在使用过程中形成的知识产权和科学数据，要求用户在发表著作、论文等成果时标注利用科研设施仪器的情况；

③明确可能造成泄密的设备，规定使用目的、人员和方式；明确涉密区

域，规定参访人员的活动范围等。

（4）配合知识产权管理委员会工作。

六、人事处

（1）配备知识产权管理人员和知识产权专员，协助院系、科研机构负责人承担本部门以下职责：知识产权计划拟订和组织实施；知识产权日常管理，包括统计知识产权信息并报送知识产权管理机构备案等。

（2）在劳动合同、聘用合同、劳务合同等各类合同中约定知识产权权属、奖励报酬、保密义务等；明确发明创造人员享有的权利和承担的义务，保障发明创造人员的署名权；明确教职员工造成知识产权损失的责任。

（3）对新入职教职员工进行适当的知识产权背景调查，形成记录；对于与知识产权关系密切的岗位，应要求新入职教职员工签署知识产权声明文件。

（4）对离职、退休的教职员工进行知识产权事项提醒，明确有关职务发明的权利和义务；涉及核心知识产权的教职员工离职、退休时，应签署知识产权协议，进一步明确约定知识产权归属和保密责任。

（5）建立符合知识产权工作特点的职称评定、岗位管理、考核评价制度，将知识产权工作状况作为对相关院系、科研机构及教职员工进行评价、科研资金支持的重要内容和依据之一。

（6）配合知识产权管理委员会工作。

七、图书馆

（1）配备知识产权管理人员和知识产权专员，协助院系、科研机构负责人承担本部门以下职责：知识产权计划拟订和组织实施；知识产权日常管理，包括统计知识产权信息并报送知识产权管理机构备案等。

（2）受知识产权管理机构委托，提供知识产权管理工作的服务支撑。

（3）为知识产权重大事务、重大决策提供服务支撑。

（4）开展重大科研项目专利导航工作，依需为科研项目提供知识产权服务支持。

（5）受知识产权管理机构委托，建设、维护知识产权信息管理平台，承担知识产权信息利用培训和推广工作。

(6) 承担知识产权信息及其他数据文献情报收集、整理、分析工作。

(7) 加强信息资源的知识产权管理，建立信息收集渠道，及时获取知识产权信息。

(8) 对知识产权信息进行分类筛选和分析加工，并加以有效利用。

(9) 明确涉密信息，规定保密等级、期限和传递、保存、销毁的要求。

(10) 建立信息披露的知识产权审查机制，避免出现侵犯知识产权情况或造成知识产权流失。

(11) 配合知识产权管理委员会工作。

八、创新创业学院

(1) 配备知识产权管理人员和知识产权专员，协助院系、科研机构负责人承担本部门以下职责：知识产权计划拟订和组织实施；知识产权日常管理，包括统计知识产权信息并报送知识产权管理机构备案等。

(2) 基于分级清单，对于有转化前景的知识产权，评估其应用前景，包括潜在用户、市场价值、投资规模等；评估转化过程中的风险，包括权利稳定性、市场风险等。

(3) 根据应用前景和风险的评估结果，综合考虑投资主体、权利人的利益，制定转化策略。

(4) 通过展示、推介、谈判等建立与潜在用户的合作关系。

(5) 结合市场需求，进行知识产权组合并推广。

(6) 鼓励利用知识产权创业。

(7) 许可或转让前确认知识产权的法律状态及权利归属，确保相关知识产权的有效性。

(8) 调查被许可方或受让方的实施意愿，防止恶意申请许可与购买行为。

(9) 许可或转让应签订书面合同，明确双方的权利和义务。

(10) 监控许可或转让过程，包括合同的签署、备案、变更、执行、中止与终止，以及知识产权权属的变更等，预防与控制交易风险。

(11) 利用知识产权作价投资。

(12) 配合知识产权管理委员会工作。

九、自然科学院系

（1）配备知识产权管理人员和知识产权专员，协助院系、科研机构负责人承担本部门以下职责：知识产权计划拟订和组织实施；知识产权日常管理，包括统计知识产权信息并报送知识产权管理机构备案等。

（2）制订知识产权培训计划；组织对知识产权管理人员、知识产权服务支撑机构人员、知识产权专员、承担重大科研项目的科研人员、教职员工进行知识产权培训。

（3）在选题阶段，建立信息收集渠道，获取拟研究选题的知识产权信息；对信息进行分类筛选和分析加工，把握技术发展趋势，确定研究方向和重点。

（4）在立项阶段，进行专利信息、文献情报分析，确定研究技术路线，提高科研项目立项起点；识别科研项目知识产权需求，进行知识产权风险评估，确定知识产权目标；在签订科研项目合同时，明确知识产权归属、使用、处置、收益分配等条款；对项目组人员进行培训，必要时可与项目组人员签订知识产权协议，明确保密条款；重大科研项目应明确专人负责专利信息、文献情报分析工作。

（5）在实施阶段，跟踪科研项目研究领域的专利信息、文献情报，适时调整研究方向和技术路线；及时建立、保持和维护科研过程中的知识产权记录文件；项目组成员在发布与本科研项目有关的信息之前，应经项目组负责人审查；使用其他单位管理的国家重大科研基础设施和大型科研仪器时，应约定保护身份信息以及在使用过程中形成的知识产权和科学数据等内容；及时评估研究成果，确定保护方式，适时形成知识产权；对于有重大市场前景的科研项目，应以运用为导向，做好专利布局、商业秘密保护等。

（6）在结题阶段，提交科研项目成果的知识产权清单，包括但不限于专利、文字作品、图形作品和模型作品、植物新品种、计算机软件、商业秘密、集成电路布图设计等；依据科研项目知识产权需求和目标，形成科研项目知识产权评价报告；提出知识产权运用建议。

十、人文社科院系

（1）配备知识产权管理人员和知识产权专员，协助院系、科研机构负责人承担本部门以下职责：知识产权计划拟订和组织实施；知识产权日常管理，包括统计知识产权信息并报送知识产权管理机构备案等。

（2）制订知识产权培训计划；组织对知识产权管理人员、知识产权服务支撑机构人员、知识产权专员、承担重大科研项目的科研人员、教职员工进行知识产权培训。

（3）在签订科研项目合同时，应签订著作权归属协议或在合同中专设著作权部分，明确约定作品著作权的归属、署名、著作权的行使，对作品的使用与处置、收益分配，涉及著作权侵权时的诉讼、仲裁解决途径等。

（4）对项目组人员进行培训，并与项目组人员签订职务作品著作权协议，约定作品的权利归属；必要时应采取保密措施，避免擅自先期发表、许可、转让等。

（5）创作完成时提交科研项目成果，包括但不限于论文、著作、教材、课件、剧本、视听作品、计算机程序等。

【例1】高校的检查监督审核

高校在提交认证机构进行现场审核前，需要高校内部进行至少一次检查监督审核，相当于企业知识产权贯标中的内部审核，其目的是通过对知识产权管理体系的自我检查监督，确定高校知识产权管理体系是否符合《高等学校知识产权管理规范》要求，是否持续有效运行，为学校管理体系的改进提供依据，确保管理体系持续有效地运行与改进。检查监督的范围是知识产权管理体系覆盖的产品及涉及的相关部门和所有要素。检查监督的依据是《高等学校知识产权管理规范》（GB/T 33251—2016），本校管理体系文件包括知识产权管理手册、程序文件及其他文件及国家相关法律法规。

1. 检查监督审核计划

高校需先制订检查监督审核计划，确定检查监督的时间，审核组成员和受审核部门及涉及的条款。其中，审核组确定组长1人，统筹协调整个检查监督工作，可从有关部门或者院系抽调部门领导或者知识产权专员担任组员，可根据体系覆盖的部门和院系的数量，设置 A、B、C 等若干个小组。小组成员实行部门交叉检查，即小组成员不能检查本部门的体系运行情况。审核涉及的条款按照《知识产权管理手册》部门、院系的职责分工进行条款划分。

某大学检查监督审核计划如表 3-3 所示。

表 3-3 检查监督审核计划

编号：IPJL101—01

检查监督目的	通过对知识产权管理体系的自我检查监督，确定高校知识产权管理体系是否符合《高等学校知识产权管理规范》要求，是否持续有效运行，为我校管理体系的改进提供依据。确保管理体系持续有效地运行与改进
检查监督范围	知识产权管理体系覆盖的产品及涉及的相关部门和所有要素
检查监督依据	1.《高等学校知识产权管理规范》(GB/T 33251—2016) 2. 本校管理体系文件包括知识产权管理手册、程序文件及其他文件 3. 国家相关法律法规
计划审核时间	2021 年 11 月 15 日
审核组成员	组长：王某　　A 组组员：李某 B 组组员：肖某

时间	受审核部门	审核组	审核涉及《高等学校知识产权管理规范》条款
15 日 08：00—12：00	校长、知识产权管理委员会	B	4.1 文件类型；4.2 文件控制；5.1 校长；5.2 管理委员会；5.3 管理机构；5.6.2 知识产权专员；5.7 知识产权顾问；6.1.2 培训；6.1.3 激励与评价；7.3 其他；8.1 分级管理；9.1 合同管理；9.2 风险管理；10.1 检查监督；10.2 绩效评价；10.3 改进提高
	教务处	A	5.5 学院（系）；6.1.4 学生管理
15 日 14：00—17：00	财务处	A	5.5 学院（系）；6.2 财务资源
	总务处	A	5.5 学院（系）；6.3 资源保障；6.4 基础设施
	人事处	B	5.5 学院（系）；6.1.1 人事合同

续表

15日 08:00—11:00	图书馆	B	5.4 服务支撑机构；5.5 学院（系）；6.5 信息资源
	创新创业学院	A	5.5 学院（系）；8.2 策划推广；8.3 许可和转让；8.4 作价投资
	自科院（系）	A	5.5 学院（系）；5.6.1 项目组长；6.1.2 培训；7.1.1 选题；7.1.2 立项；7.1.3 实施；7.1.4 结题
	人文社科院（系）	A	5.5 学院（系）；5.6.1 项目组长；6.1.2 培训；7.2 人文社会科学类科研项目
15日 11:00—12:00	总结会议		

编制/日期： 批准/日期：

2. 检查监督记录

高校进行检查监督时，要对照标准条款，通过询问及查阅方式，检查受审核部门、院系是否满足条款的要求。审核内容是审核输入的内容，即检查内容。审核输出内容是审核记录摘要，即具体需要条款要求内容的具体任务体现。最后为审核发现，是审核组将收集到的审核证据对照审核准则进行评价的结果，即是否符合条款的要求的结论。

举例说明，某校审核组对图书馆负责的"6.5 信息资源"进行检查监督时，对照条款要求，检查的内容包括 4 项。

（1）是否建立信息收集的渠道，利用所建立的信息收集渠道对知识产权信息进行收集。

（2）是否对所收集的信息分类筛选和分析加工，并加以有效利用。

（3）是否对涉密信息进行有效管理。

（4）是否建立信息披露知识产权审核机制。

审核组成员在检查过程中，要询问及查阅图书馆负责的"6.5 信息资源"条款，是否有相应具体的目标、采取的措施、是否有记录等，如果全部满足和完成任务，审核组将会形成下列记录摘要。

（1）已建立信息收集渠道及信息发布审批。

（2）对收集的信息分类筛选进行了分析加工，用于知识产权申请和专利导航工作中。

（3）明确了涉密信息，规定保密等级、期限和传递、保存、销毁的要求。

（4）定期对信息披露知识产权进行了审核。

如果满足条款要求，结论是 Y，否则结论是 N。

某大学参照《高等学校知识产权管理规范》（GB/T 33251—2016）、《企业知识产权管理规范》（GB/T 29490—2013）、《科研组织知识产权管理规范》（GB/T 33250—2016）对校长、知识产权管理委员会、教务处、学生处、部门学院等部门的检查监督记录部分表单设置如表 3-4 至表 3-13 所示。

表 3-4 校长、知识产权管理委员会检查监督记录

受审核部门	校长、知识产权管理委员会	审核员	李某	审核日期	2021 年 11 月 15 日
条款号	审核内容	审核记录摘要			结果（Y/N）
4.1 文件类型	（1）是否制定组织管理文件。 （2）各部门是否制定具体知识产权管理过程活动文件（如程序文件、制度文件、记录文件、外来文件、绩效评价资料等）。	询问及查阅： （1）制定发布知识产权管理手册，其中明确目标、任务及各部门的管理职责。 （2）制定发布包含《文件控制程序》在内的 10 个知识产权程序文件以及《某学院科技成果转移转化暂行管理办法》。 （3）编写制订各类记录文件表单，对外来文件使用《外来文件管理台账》进行登记和收集。			Y

续表

条款号	审核内容	审核记录摘要	结果（Y/N）
4.2 文件控制	（1）体系文件发布前是否经过审核和批准。 （2）文件的保管方式和保管期限是否明确。 （3）文件是否按不同类别、保密等级进行有效管理，纸质或电子版文件是否有标识。 （4）文件是否清楚且易于取用和查阅，因特定目的保留的失效文件是否予以明显标记。	询问及查阅： （1）管理手册、程序文件及各项制度的发布均经过主管校长的审核批准，内容科学且清晰完整。 （2）相关知识产权文件都有明确的保管方式和保管期限。 （3）对不同的文件，建立不同的登记台账及保密级别，对纸质和电子版文件均有标识。 （4）文件标识清楚，便于取用。目前无相关失效文件。	Y
5.1 校长	（1）审核高校知识产权目标、相关知识产权政策、规划是否由校长（或主管校长）批准和发布。 （2）审核校长（或主管校长）是否对知识产权重大事务进行审核或决定。 （3）审核是否对各部门的知识产权管理职责和权限进行明确，各部门间的沟通是否顺畅、及时有效。 （4）审核高校管理体系运行的各项资源配置与保障条件是否充分。	询问及查阅： （1）高校的知识产权目标、相关知识产权政策、规划均由校长（或主管校长）批准和发布。 （2）知识产权重大事务由审核校长（或主管校长）审核或决定。 （3）明确各部门的知识产权管理职责和权限，各部门沟通顺畅且及时有效。 （4）各项资源配置和保障条件能够满足高校管理体系的正常运行。	Y

续表

条款号	审核内容	审核记录摘要	结果（Y/N）
5.2 学校知识产权管理委员会	（1）高校是否成立全面负责知识产权管理事务的知识产权管理委员会。 （2）学校知识产权管理委员会是否明确相关管理职责，其中包括：拟定知识产权长期、中期、短期目标。 （3）是否及时审核知识产权政策、规划，监督规划执行情况。 （4）是否建立知识产权绩效评价体系。 （5）是否提出知识产权重大事务决策议案。 （6）是否对知识产权重大资产处置方案进行审核。 （7）是否整体统筹协调知识产权管理事务。	询问及查阅： （1）已成立知识产权管理委员会，常设在科研处。 （2）建立了知识产权长期目标：不断增强知识产权意识和管控能力，实现全过程知识产权管理，提高科技创新能力，促进科技创新成果的价值实现，支撑学校转型发展。 确立了知识产权三年工作目标： ①知识产权数量和质量稳中有升，申报发明专利100件以上，授权30件以上，注重专利质量，力争获得河南省专利奖、郑州市专利奖； ②科技创新能力不断提升，知识产权专员参与5个以上国家级课题项目研究，参与建立5个以上市厅级科研平台； ③科技成果转移转化工作持续开展，每年开展科技成果转移转化对接活动不少于4次，力争科技成果转移转化数量和金额上有突破； ④加大人才培养力度，依托知识产权远程教育平台培养知识产权管理人才、技术经理人、创新创业人才1000人次。 （3）编写制定知识产权管理手册及程序文件，进行了知识产权中长期规划，并经过审核。 已建立知识产权绩效评价体系。 暂不涉及知识产权重大事务决策议案。 暂不涉及知识产权重大资产处置方案。 （4）整体统筹协调知识产权管理事务由知识产权管理委员会负责。	Y

续表

条款号	审核内容	审核记录摘要	结果（Y/N）
5.3 管理机构	（1）高校是否建立知识产权管理机构并配备专职知识产权工作人员。 （2）管理机构是否拟订并组织实施知识产权工作规划和知识产权政策文件。 （3）是否提出知识产权绩效评价体系方案。 （4）是否建立专利导航工作机制，参与重大科研项目的知识产权布局。 （5）是否建立知识产权资产清单和知识产权资产评价及统计分析体系，提出知识产权重大资产处置方案。 （6）是否审查合同中的知识产权条款培养以及指导和评价知识产权专员。 （7）是否负责知识产权培训，知识产权信息备案，知识产权外部服务机构遴选、协调、评价工作等日常管理工作。	询问及查阅： （1）建立知识产权管理委员会，常设在科研处，并配备3名知识产权专职人员。 （2）制定发布《知识产权管理手册》，其中拟定了知识产权工作规划目标。制定发布包含《文件控制程序》在内的10个知识产权程序文件以及《某学院科技成果转移转化暂行管理办法》。 （3）在《知识产权保护及风险管理控制程序》中建立绩效评价措施。 （4）对"纺织工业中清洁工艺核心设备的技术改进"和"非线性机床颤振模型的动力学研究及数值仿真专利"进行了专利导航，并进行了知识产权布局。 （5）建立知识产权资产清单，并进行统计分析。暂不涉及知识产权重大资产处置方案。 （6）审查知识产权委外合同中的知识产权条款，都较为完备。日常及时对知识产权专员进行知识产权培训及指导。 （7）抽查知识产权专员2名，均参加定期邀请省内外知识产权专家组织的知识产权线上培训，或通过中国知识产权培训中心远程教育平台、知识产权贯标学习平台学习相关知识产权知识。积极与知识产权外部服务机构对接，协助学校的知识产权管理工作。	Y

续表

条款号	审核内容	审核记录摘要	结果（Y/N）
5.5 学院（系）	（1）校属学院（系）、直属机构是否配备知识产权管理人员。 （2）知识产权管理人员是否协助院系、科研机构负责人承担日常知识产权管理工作，其中包括知识产权计划拟订和组织实施，统计知识产权信息并报送知识产权管理机构备案等。	询问及查阅： （1）各校属学院（系）、直属机构配备了知识产权负责人、专员合计43人。 （2）各知识产权学院、直属机构负责人、专员协助院系、科研机构负责人承担知识产权计划拟订和组织实施以及知识产权各项工作的日常管理等。	Y
5.6.2 知识产权专员	（1）高校承担重大科研项目时，项目组是否配备知识产权专员。 （2）知识产权专员负责专利导航工作及协助项目组长开展知识产权管理工作。	询问及查阅： （1）学校内的重大科研项目，均配备知识产权专员。 （2）知识产权专员有协助项目组进行专利导航和知识产权管理工作。	Y
5.7 知识产权顾问	根据高校知识产权管理自身需求，高校是否聘请有关专家为知识产权顾问，为知识产权重大事务提供咨询意见。	询问及查阅： 根据项目组的知识产权管理需要，聘请相关专家对项目进行知识产权梳理和审定。	Y
6.1.2 培训	（1）高校是否制订知识产权培训计划。 （2）是否组织对知识产权管理人员、知识产权服务支撑机构人员、知识产权专员等开展培训。 （3）是否对承担重大科研项目的科研人员进行知识产权培训。 （4）是否组织对教职工进行知识产权培训。	询问及查阅： （1）制订《培训工作计划》，计划开展6次线上知识产权培训，已完成1次培训。 （2）10月28日，对知识产权管理人员、知识产权服务支撑机构人员、知识产权专员已开展《知识产权贯标学习会》培训，但未形成培训记录。计划开展《专利侵权分析实务》《著作权专题讲座》《专利侵权分析与风险防范》培训。 （3）对承担重大科研项目的科研人员计划开展《专利检索》培训。 （4）对教职员工及学生计划开展《专利分类概念的基本内容及IPC分类体系》培训。	Y

续表

条款号	审核内容	审核记录摘要	结果（Y/N）
6.1.3 激励与评价	（1）高校是否建立职称评定、岗位管理、考核评价制度，将知识产权工作作为对院系、科研机构及教职工评价、科研资金支持的重要依据之一。 （2）审核高校是否建立职务发明奖励制度。	询问及查阅： 在《知识产权保护及风险管理控制程序》中建立绩效评价和奖惩措施及职务发明奖励措施。	Y
7.3 其他	（1）是否对校名、校标、校徽、域名及服务标记规范使用，是否注册商标。 （2）是否建立非职务发明专利申请前登记工作机制。 （3）是否规范著作权的使用和管理，加强学位论文和毕业设计的查重检测工作，审核教职员工和学生在发表论文时，是否标注主要参考文献、利用国家重大科研基础设施和大型科研仪器情况的要求。	询问及查阅： （1）对校名、校标、校徽、域名及服务标记建立了登记台账，未注册商标。 （2）建立非职务发明专利申请前登记表，但未有相关登记。 （3）在发表论文前，或学位论文和毕业设计时，及时进行查重检测，已标注主要参考文献使用情况。	Y
8.1 分级管理	（1）高校是否基于知识产权价值分析结果，建立分级管理机制。 （2）是否结合项目组的建议，从法律、技术、市场维度对知识产权进行价值分析，形成知识产权分级清单是否根据分级清单，确定不同级别知识产权处置方式与状态控制措施。	询问及查阅： （1）在《知识产权运用管理控制程序》中建立分级管理机制。 （2）建立知识产权分级清单，进行三级分级。根据分级清单，确定不同级别知识产权的处置方式与状态控制措施。	Y

续表

条款号	审核内容	审核记录摘要	结果（Y/N）
9.1 合同管理	（1）高校在签订合同前是否对合同中有关知识产权条款进行审查。 （2）审核知识产权对外委托业务是否签订书面合同，合同中是否约定知识产权权属、保密等内容。 （3）审核在参加知识产权联盟、协同创新组织等情况下是否明确科研项目成果的知识产权权属、许可转让及利益分配、后续改进的权益归属等。	询问及查阅： （1）查阅表单，已提前进行知识产权条款审查。 （2）查阅知识产权委外有书面合同，显示相关合同均有知识产权条款。 （3）暂不涉及知识产权联盟、协同创新组织。	Y
9.2 风险管理	（1）高校是否监控知识产权风险，制定有效的风险规避方案避免侵犯他人知识产权。 （2）是否及时跟踪和调查相关知识产权被侵权情况，建立知识产权纠纷应对机制。 （3）在应对知识产权纠纷时，是否进行评估，选取适宜的争议解决方式。 （4）在学术交流过程中，是否能够有效对知识产权进行管理。	询问及查阅： （1）建立发布了《知识产权风险管理控制程序》，规定了知识产权防范预警要求及纠纷应对机制。 （2）查阅《知识产权侵权监控表》《知识产权被侵权监控表》，对相关知识产权侵权、被侵权情况进行了监督。 （3）在《知识产权纠纷记录台账》中，记录了相关争议解决方式。 （4）及时进行知识产权登记管理。	Y
10.1 检查监督	是否定期开展内部检查监督工作，确保知识产权管理活动的有效性。	询问及查阅： 定期开展检查监督，确保各项知识产权管理工作的顺利开展。	Y

续表

条款号	审核内容	审核记录摘要	结果（Y/N）
10.2 绩效评价	是否对校属部门、学院（系）、直属机构等进行绩效评价。	询问及查阅： （1）发布实施了《检查监督控制程序》，规定每年至少一次检查审核。 （2）于2021年11月15日进行检查监督审核工作，发现不符合项1项。 （3）检查监督计划合理，覆盖所有部门，条款齐全。资料及相关记录较充分翔实。	Y
10.3 改进提高	高校是否根据检查、监督和绩效评价的结果，对照知识产权目标，对所存在的问题或不足，制定和落实改进措施。	询问及查阅： 检查监督审核报告对体系运行过程进行了客观评价，认为体系运行基本有效；对审核建议举一反三地进行了完善，改进有效。	Y

表 3-5 教务处检查监督记录

受审核部门	教务处	审核员	王某	审核日期	2021年11月15日
条款号	审核内容		审核记录摘要		结果（Y/N）
5.5 学院（系）	（1）校属学院（系）、直属机构是否配备知识产权管理人员。 （2）各知识产权管理人员是否协助院系、科研机构负责人承担日常知识产权管理工作，其中包括知识产权计划拟订和组织实施、统计知识产权信息并报送知识产权管理机构备案等。		询问及查阅： （1）教务处配备知识产权负责人、专员合计2人。 （2）教务处知识产权负责人和专员协助院系、科研机构负责人承担知识产权计划拟订和组织实施以及知识产权各项工作的日常管理等。		Y

续表

条款号	审核内容	审核记录摘要	结果（Y/N）
6.1.4 学生管理	（1）高校是否组织对学生进行知识产权培训。（2）学生进入项目组时，是否进行相关知识产权提醒；学生离开高校时，是否有签署知识产权协议或者保密协议的情况。（3）高校是否根据自身需求向学生开设知识产权课程的情况。	询问及查阅：（1）计划在11月16日，对学生进行《专利分类概念的基本内容及IPC分类体系》培训。（2）学生进入项目组，对其进行知识产权提醒，并签订保密协议。（3）学校面向学生暂未开展常设知识产权课程，但会定期进行知识产权培训。	Y

表3-6　财务处检查监督记录

受审核部门	财务处	审核员	扈某	审核日期	2021年11月15日
条款号	审核内容	审核记录摘要			结果（Y/N）
5.5 学院（系）	（1）校属学院（系）、直属机构是否配备知识产权管理人员。（2）各知识产权管理人员是否协助院系、科研机构负责人承担日常知识产权管理工作，其中包括知识产权计划拟订和组织实施、统计知识产权信息并报送知识产权管理机构备案等。	询问及查阅：（1）财务处配备知识产权负责人、专员合计2人。（2）财务处知识产权负责人、专员协助院系、科研机构负责人承担知识产权计划拟订和组织实施以及知识产权各项工作的日常管理等。			Y
6.2 财务资源	是否设立知识产权经常性预算费用，用于相关知识产权活动事项。	询问及查阅：查阅本年度《知识产权费用预算表》，其中包含知识产权申请、机构运行、奖励及风险准备金的明细。			Y

表3-7　总务处检查监督记录

受审核部门	总务处	审核员	扈某	审核日期	2021年11月15日
条款号	审核内容	审核记录摘要			结果（Y/N）
5.5 学院（系）	（1）校属学院（系）、直属机构是否配备知识产权管理人员。 （2）各知识产权管理人员是否协助院系、科研机构负责人承担日常知识产权管理工作，其中包括知识产权计划拟订和组织实施。统计知识产权信息并报送知识产权管理机构备案等。	询问及查阅： （1）总务处配备知识产权负责人、专员合计2人。 （2）总务处知识产权负责人、专员协助院系、科研机构负责人承担了知识产权计划拟订和组织实施以及知识产权各项工作的日常管理等。			Y
6.3 资源保障	高校是否建立知识产权管理信息化系统，是否配备软硬件设备、教室、办公场所等相关资源，能否充分保障知识产权工作的有效运行。	询问及查阅： 建立知识产权管理信息化系统。配备软硬件设备、教室、办公场所等相关资源，保障知识产权工作的运行。			Y
6.4 基础设施	（1）在采购实验设备、软件、用品、耗材时，采购合同中是否明确知识产权条款。在处理实验用过物品时是否进行相应知识产权审查。 （2）国家重大科研基础设施和大型科研仪器向社会开放时，审核是否保护用户身份信息以及在使用过程中形成的知识产权和科学数据，是否要求用户在发表著作、论文等成果时标注利用科研设施仪器的情况。 （3）审核是否明确可能造成泄密的设备、涉密区域。	询问及查阅： （1）查阅采购合同中有知识产权条款。处理实验用过的物品经过知识产权审查。 （2）查阅学校没有相关重大科研基础设施。大型仪器使用时，保护用户身份信息。在著作、论文中标注了科研设施仪器的使用情况。 （3）明确保密设备和区域，经审核才可使用和到达。			Y

表 3-8　人事处检查监督记录

受审核部门	人事处	审核员	尹某某	审核日期	2021 年 11 月 15 日
条款号	审核内容	审核记录摘要			结果（Y/N）
5.5 学院（系）	（1）校属学院（系）、直属机构是否配备知识产权管理人员。 （2）各知识产权管理人员是否协助院系、科研机构负责人承担日常知识产权管理工作，其中包括知识产权计划拟订和组织实施，统计知识产权信息并报送知识产权管理机构备案等。	询问及查阅： （1）人事处配备知识产权负责人、专员合计 2 人。 （2）人事处知识产权负责人、专员协助院系、科研机构负责人承担知识产权计划拟订和组织实施以及知识产权各项工作的日常管理等。			Y
6.1.1 人事合同	（1）人事合同中是否约定知识产权权属、奖励报酬、保密义务、发明创造人员享有的权利和负有的义务等相关知识产权内容。 （2）对新入职教职员工是否进行知识产权背景调查，并保留有相应调查记录，对于与知识产权关系密切的岗位，是否签署知识产权声明文件。 （3）针对离职、退休的教职员工是否进行知识产权离职事项提醒，涉及核心知识产权的教职员工离职、退休时是否签署知识产权协议，明确约定知识产权归属和保密责任等。	询问及查阅： （1）抽查人事合同模板，其中明确约定有关知识产权、保密等条款。 （2）对新入职教职员工进行知识产权背景调查，并保留相应的调查记录，对于与知识产权关系密切的岗位，签署知识产权声明文件。 （3）对离职、退休的教职员工进行知识产权离职事项提醒。涉及核心知识产权的教职员工离职、退休时，签署了知识产权协议。			Y

表 3-9 图书馆检查监督记录

受审核部门	图书馆	审核员	尹某某	审核日期	2021年11月15日
条款号	审核内容	审核记录摘要			结果（Y/N）
5.4 服务支撑机构	（1）高校是否设立知识产权服务支撑机构，或者聘请外部服务机构对知识产权管理体系有效运行提供支撑服务，明确服务支撑机构相关管理职责。 （2）提供知识产权管理工作的服务支撑。为知识产权重大事务、重大决策提供服务支撑。 （3）开展重大科研项目专利导航工作，依需为科研项目提供知识产权服务支持。 （4）建设、维护知识产权信息管理平台，承担知识产权信息利用培训和推广工作。 （5）承担知识产权信息及其他数据文献情报收集、整理、分析工作。	询问及查阅： （1）知识产权服务支撑机构设在校图书馆，主要为知识产权管理工作提供服务支撑，明确其管理职责。 （2）开展知识产权重大事务、重大决策，及重大科研项目专利导航工作时提供知识产权检索、查询、导航等工作。 （3）建设、维护知识产权信息管理平台，面向校内进行推广。 （4）主要利用图书馆文献数据进行知识产权信息收集整理、分析。			Y
5.5 学院（系）	（1）校属学院（系）、直属机构是否配备知识产权管理人员。 （2）各知识产权管理人员是否协助院系、科研机构负责人承担日常知识产权管理工作，其中包括知识产权计划拟订和组织实施，统计知识产权信息并报送知识产权管理机构备案等。	询问及查阅： （1）图书馆配备知识产权负责人、专员合计2人。 （2）图书馆知识产权负责人、专员协助院系、科研机构负责人承担知识产权计划拟订和组织实施以及知识产权各项工作的日常管理等。			Y

续表

条款号	审核内容	审核记录摘要	结果（Y/N）
6.5 信息资源	（1）是否建立信息收集的渠道，利用所建立的信息收集渠道对知识产权信息进行收集。 （2）是否对所收集的信息分类筛选和分析加工，并加以有效利用。 （3）是否对涉密信息进行有效管理。 （4）是否建立信息披露知识产权审核机制。	询问及查阅： （1）已建立信息收集渠道及信息发布审批。 （2）对收集的信息进行分类筛选和分析加工，用于知识产权申请和专利导航工作中。 （3）明确涉密信息，规定保密等级、期限和传递、保存、销毁的要求。 （4）定期对信息披露知识产权进行审核。	Y

表 3-10　创新创业学院检查监督记录

受审核部门	创新创业学院	审核员	王某	审核日期	2021 年 11 月 15 日
条款号	审核内容	审核记录摘要			结果（Y/N）
5.5 学院（系）	（1）校属学院（系）、直属机构是否配备知识产权管理人员。 （2）知识产权管理人员是否协助院系、科研机构负责人承担日常知识产权管理工作，其中包括知识产权计划拟订和组织实施，统计知识产权信息并报送知识产权管理机构备案等。	询问及查阅： （1）创新创业学院配备知识产权负责人、专员合计 2 人。 （2）创新创业学院知识产权负责人、专员协助院系、科研机构负责人承担知识产权计划拟订和组织实施以及知识产权各项工作的日常管理等。			Y

续表

条款号	审核内容	审核记录摘要	结果（Y/N）
8.2 策划推广	（1）是否对有转化前景的知识产权进行评估，评估其应用前景、转化过程中的风险等。 （2）是否根据评估结果，综合考虑投资主体、权利人的利益，制定转化策略。 （3）是否通过展示、推介、谈判等与潜在用户建立合作关系，结合市场需求进行知识产权组合并推广，鼓励利用知识产权创业。	询问及查阅： （1）基于分级清单，对有转化前景的知识产权评估其应用前景，根据应用前景和风险的评估结果，综合考虑投资主体、权利人的利益，制定转化策略。 （2）结合市场需求，进行知识产权组合并推广。 （3）建立《潜在用户名单》，进行登记管理，鼓励利用知识产权创业。	Y
8.3 许可和转让	（1）知识产权许可或转让过程中的知识产权管理，许可或转让前是否通过检索方式确认知识产权的法律状态及权利归属，确保相关知识产权的有效性。 （2）是否调查评估被许可方或受让方的实施意愿、实施能力等，防止意申请许可与购买行为发生。 （3）审核许可或转让时签订的书面合同中是否明确双方的权利和义务等知识产权条款。 （4）审核是否对许可或转让过程实施监控，包括合同的签署、备案、变更、执行、中止与终止以及知识产权权属的变更等，预防与控制交易风险。	询问及查阅： （1）在转让、许可前及时进行知识产权检索，确保知识产权的有效性。 （2）提前沟通调查许可方或受让方的实施意愿、实施能力，确保许可、转让的及时实施。 （3）学校签订知识产权许可、转让合同，其中明确双方的权利和义务等知识产权条款。 （4）建立《知识产权许可或转让评估报告》，及时对许可、转让进行监控。	Y

续表

条款号	审核内容	审核记录摘要	结果（Y/N）
8.4 作价投资	（1）利用知识产权作价投资过程中的知识产权管理，是否调查合作方的经济实力，从管理水平、生产能力、技术能力、营销能力等实施能力方面开展调查。 （2）是否对作价投资的知识产权进行评估，是否明确收益方式和分配比例。	询问及查阅： 目前尚未进行过作价投资。	Y

表3-11 智能工程学院检查监督记录

受审核部门	自科院系（抽查智能工程学院）	审核员	李某	审核日期	2021年11月15日

条款号	审核内容	审核记录摘要	结果（Y/N）
5.5 学院（系）	（1）校属学院（系）、直属机构是否配备知识产权管理人员。 （2）知识产权管理人员是否协助院系、科研机构负责人承担日常知识产权管理工作，其中包括知识产权计划拟订和组织实施，统计知识产权信息并报送知识产权管理机构备案等。	询问及查阅： （1）智能工程学院配备知识产权负责人、专员合计2人。 （2）智能工程学院知识产权负责人、专员协助院系、科研机构负责人承担知识产权计划拟订和组织实施以及知识产权各项工作的日常管理等。	Y
5.6.1 项目组长	（1）科研项目的项目组长是否负责所承担项目的知识产权管理工作，并根据科研项目要求，确定并组织实施知识产权管理目标并管理项目所有的知识产权信息。 （2）是否定期报告科研项目的知识产权工作情况。 （3）组织项目组人员参加相关知识产权培训。	询问及查阅： （1）项目组长负责项目的知识产权管理工作。 （2）各科研项目根据实际情况，确定知识产权管理目标，整体管理项目所有的知识产权信息。 （3）根据项目进度，通过登记定期报告科研项目的知识产权工作情况。 （4）对拥有多名成员的项目组成员，进行与项目相关的知识产权培训。	Y

续表

条款号	审核内容	审核记录摘要	结果（Y/N）
6.1.2 培训	是否对项目进行知识产权培训。	询问及查阅：涉及项目相关的内容，已及时进行知识产权培训。	Y
7.1.1 选题	（1）是否建立信息收集渠道，通过所建立的信息收集渠道对拟研究课题的知识产权信息进行收集。（2）是否对收集的信息进行筛选和分析，从分析数据中掌握研究课题的技术发展趋势，从而确定研究方向和重点。	询问及查阅：（1）建立信息资源获取渠道，对信息进行了类别管理。（2）及时对信息资源进行分析利用，对本领域现有技术存在的问题及国内外技术发展趋势进行分析登记，确定研究方向和重点。	Y
7.1.2 立项	（1）是否对项目的专利信息、文献情报进行分析，从而确定项目研究技术路线。（2）是否能够识别科研项目的知识产权需求，对项目进行知识产权风险评估，确定项目知识产权目标；在签订科研项目合同时，是否明确约定相应知识产权条款。（3）是否对项目组人员开展专业技能、知识产权知识等培训工作。（4）针对重大科研项目，是否配有专人负责专利信息、文献情报的分析工作。	询问及查阅：（1）对项目进行知识产权信息跟踪登记，监督其法律状态和基本信息，分析研究其技术路线。（2）对科研项目中的知识产权需求进行分析，提前对项目的知识产权进行评估。在签订科研项目合同时，明确约定相应知识产权条款。（3）对项目组成员涉及项目相关的内容，已及时进行知识产权培训。（4）目前暂未有重大科研项目，但若涉及则由图书馆配合进行专利信息、文献情报的分析工作。	Y

续表

条款号	审核内容	审核记录摘要	结果（Y/N）
7.1.3 实施	（1）是否对科研项目的专利信息、文献情报进行跟踪检索，确定是否调整研究方向和技术路线。 （2）是否建立、保持科研过程中的知识产权记录文件；对外发布科研项目相关信息前，是否经项目负责人进行审查。 （3）使用其他单位国家重大科研基础设施和大型科研仪器时，是否约定保护身份信息以及使用过程中形成的知识产权和科学数据等内容。 （4）是否对研究成果进行及时评估，确定保护方式，适时形成知识产权。 （5）对于有重大市场前景的科研项目，是否进行专利布局、商业秘密保护等工作。	询问及查阅： （1）与图书馆合作，跟踪科研项目研究领域的专利信息、文献情报，进行专利检索，适时调整研究方向和技术路线。 （2）建立、保持和维护科研过程中的知识产权记录文件。发布与本科研项目有关的信息之前，均由项目组负责人审查。 （3）使用其他单位管理的国家重大科研基础设施和大型科研仪器时，约定保护身份信息以及在使用过程中形成的知识产权和科学数据等内容。 （4）及时评估研究成果确定保护方式，确定形成知识产权时间。 （5）对于有重大市场前景的科研项目，提前进行专利布局、商业秘密保护，并及时进行专利检索登记等工作。	Y
7.1.4 结题	（1）是否向项目验收单位提交科研项目成果知识产权清单。 （2）是否依据科研项目知识产权需求和目标，对项目中产出的知识产权进行评价并形成评价报告。 （3）是否提出对项目中产出的知识产权运用建议。	询问及查阅： （1）已提交科研项目成果的知识产权清单。 （2）依据科研项目知识产权需求和目标，形成科研项目知识产权评价报告。 （3）根据项目情况，提出知识产权运用建议。	Y

表 3-12 统计与大数据学院检查监督记录

受审核部门	自科院系（抽查统计与大数据学院）	审核员	李某	审核日期	2021 年 11 月 15 日
条款号	审核内容	审核记录摘要			结果（Y/N）
5.5 学院（系）	（1）校属学院（系）、直属机构是否配备知识产权管理人员。 （2）各知识产权管理人员是否协助院系、科研机构负责人承担日常知识产权管理工作，其中包括：知识产权计划拟订和组织实施，统计知识产权信息并报送知识产权管理机构备案等。	询问及查阅： （1）统计与大数据学院配备知识产权负责人、专员合计2人。 （2）统计与大数据学院知识产权负责人、专员协助院系、科研机构负责人承担知识产权计划拟订和组织实施以及知识产权各项工作的日常管理等。			Y
5.6.1 项目组长	（1）科研项目的项目组长是否负责所承担项目的知识产权管理工作，根据科研项目要求，确定并组织实施知识产权管理目标并管理项目所有的知识产权信息。 （2）是否定期报告科研项目的知识产权工作情况。 （3）组织项目组人员参加相关知识产权培训。	询问及查阅： （1）项目组长负责项目的知识产权管理工作。 （2）各科研项目根据实际情况，确定知识产权管理目标，整体管理项目所有的知识产权信息。 （3）根据项目进度，通过登记定期报告科研项目的知识产权工作情况。 （4）对拥有多名成员的项目组成员，进行了与项目相关的知识产权培训。			Y
6.1.2 培训	是否对项目进行知识产权培训。	询问及查阅： 涉及项目相关的内容，已及时进行知识产权培训。			Y

续表

条款号	审核内容	审核记录摘要	结果（Y/N）
7.1.1 选题	（1）是否建立信息收集渠道，通过所建立的信息收集渠道对拟研究课题的知识产权信息进行收集。 （2）是否对收集的信息进行筛选和分析，从分析数据中掌握研究课题的技术发展趋势，从而确定研究方向和重点。	询问及查阅： （1）建立信息资源获取渠道，对信息进行了类别管理。 （2）及时对信息资源进行分析利用，对本领域现有技术存在问题，国内外技术发展趋势进行分析登记，确定研究方向和重点。	Y
7.1.2 立项	（1）是否对项目的专利信息、文献情报进行分析，从而确定项目研究技术路线。 （2）是否能够识别科研项目的知识产权需求，对项目进行知识产权风险评估，确定项目知识产权目标；在签订科研项目合同时，是否明确约定相应知识产权条款。 （3）是否对项目组人员开展专业技能、知识产权知识等培训工作。 （4）针对重大科研项目，是否配有专人负责专利信息、文献情报的分析工作。	询问及查阅： （1）对项目进行知识产权信息跟踪登记，监督其法律状态和基本信息，分析研究其技术路线。 （2）对科研项目中的知识产权需求进行分析，提前对项目的知识产权进行了评估。在签订科研项目合同时，明确约定相应知识产权条款。 （3）对项目组成员涉及项目相关的内容，已及时进行知识产权培训。 （4）目前暂未有重大科研项目，但若涉及由图书馆配合进行专利信息、文献情报的分析工作。	Y

续表

条款号	审核内容	审核记录摘要	结果（Y/N）
7.1.3 实施	（1）是否对科研项目的专利信息、文献情报进行跟踪检索，确定是否调整研究方向和技术路线。 （2）是否建立、保持科研过程中的知识产权记录文件；对外发布科研项目相关信息前，是否经项目负责人进行审查。 （3）使用其他单位国家重大科研基础设施和大型科研仪器时，是否约定保护身份信息以及使用过程中形成的知识产权和科学数据等内容。 （4）是否对研究成果进行及时评估，确定保护方式，适时形成知识产权。 （5）对于有重大市场前景的科研项目，是否进行专利布局、商业秘密保护等工作。	询问及查阅： （1）与图书馆合作，跟踪科研项目研究领域的专利信息、文献情报，进行专利检索，适时调整研究方向和技术路线。 （2）建立、保持和维护科研过程中的知识产权记录文件。发布与本科研项目有关的信息之前，均由项目组负责人审查。 （3）使用其他单位管理的国家重大科研基础设施和大型科研仪器时，约定保护身份信息以及在使用过程中形成的知识产权和科学数据等内容。 （4）及时评估研究成果确定保护方式，确定形成知识产权时间。 （5）对于有重大市场前景的科研项目，提前进行专利布局、商业秘密保护，并及时进行专利检索登记等工作。	Y
7.1.4 结题	（1）是否向项目验收单位提交科研项目成果知识产权清单。 （2）是否依据科研项目知识产权需求和目标，对项目中产出的知识产权进行评价并形成评价报告。 （3）是否提出对项目中产出的知识产权运用建议。	询问及查阅： （1）已提交科研项目成果的知识产权清单。 （2）依据科研项目知识产权需求和目标，形成科研项目知识产权评价报告。 （3）根据项目情况，提出知识产权运用建议。	Y

表 3-13　会计学院检查监督记录

受审核部门	人文社科院系（抽查会计学院）	审核员	王某	审核日期	2021 年 11 月 15 日
条款号	审核内容	审核记录摘要			结果（Y/N）
5.5 学院（系）	（1）校属学院（系）、直属机构是否配备知识产权管理人员。 （2）各知识产权管理人员是否协助院系、科研机构负责人承担日常知识产权管理工作，其中包括知识产权计划拟订和组织实施，统计知识产权信息并报送知识产权管理机构备案等。	询问及查阅： （1）会计学院配备知识产权负责人、专员合计 2 人。 （2）会计学院知识产权负责人、专员协助院系、科研机构负责人承担知识产权计划拟订和组织实施以及知识产权各项工作的日常管理等。			Y
5.6.1 项目组长	（1）科研项目的项目组长是否负责所承担项目的知识产权管理工作，根据科研项目要求确定并组织实施知识产权管理目标并管理项目所有的知识产权信息。 （2）是否定期报告科研项目的知识产权工作情况。 （3）组织项目组人员参加相关知识产权培训。	询问及查阅： （1）项目组长负责项目的知识产权管理工作。 （2）各科研项目根据实际情况，确定知识产权管理目标，整体管理项目所有的知识产权信息。 （3）根据项目进度，通过登记定期报告科研项目的知识产权工作情况。 （4）对拥有多名成员的项目组成员进行与项目相关的知识产权培训。			Y
6.1.2 培训	是否对项目进行知识产权培训。	询问及查阅： 涉及项目相关的内容，已及时进行知识产权培训。			

续表

条款号	审核内容	审核记录摘要	结果（Y/N）
7.2 人文社会科学类科研项目	（1）在签订科研项目合同时，是否约定作品著作权归属、署名，著作权的行使，对作品的使用与处置、收益分配，涉及著作权侵权时的诉讼、仲裁解决途径等知识产权条款。（2）是否对项目组人员开展专业技能、知识产权知识等培训工作，是否与项目组人员签订职务作品著作权协议，约定作品的权利归属等知识产权条款。是否采取保密措施，避免擅自先期对作品发表、许可、转让等。（3）审核作品创作完成时是否有科研成果产出。	询问及查阅：（1）签订科研项目合同时，签订著作权归属协议或在合同中专设著作权部分，明确约定作品著作权的归属、署名，著作权的行使，对作品的使用与处置收益分配，涉及著作权侵权时的诉讼、仲裁解决途径等。（2）对项目组人员进行培训，并与项目组人员签订职务作品著作权协议，约定作品的权利归属。（3）创作完成时提交科研项目成果，并通过发表的形式进行公开。	Y

3. 出具检查监督报告

高校检查监督小组分组进行检查后，将收集到的审核证据对照审核标准，形成审核发现。审核发现可表明符合或不符合。对不符合项出具《不符合报告》，并对不符合事实进行描述，指出具体不符合的条款，认定其严重程度，要求受审核部门采取纠正措施和约定完成日期，并需要对采取的措施进行验证，督促受审核部门不可再犯类似的错误。

例如，某高校在2021年11月15日对知识产权管理委员会进行检查监督时发现，学校知识产权管理委员会于2021年10月28日举行了一次知识产权贯标培训，但没有形成记录。审核组认定该行为不符合《高等学校知识产权管理规范》（GB/T 33251—2016）中"6.1.2 培训 b）"条款内容"组织对知识产权管理人员、知识产权服务支撑机构人员、知识产权专员等进行培训"。于是，审核组出具了《不符合项报告》，认定该性质属于一般性不符合。

该校知识产权管理委员会根据该《不符合项报告》提出的纠正要求，于2021年11月16日组织知识产权管理委员会成员对《高等学校知识产权管理规范》（GB/T 33251—2016）中"6.1.2 培训 b）"条款进行培训学习，表示以后各类知识产权培训都应进行记录，同时对本次培训进行记录，出席人员也都进行签名。

相关表格具体如表 3-14 至表 3-18 所示。

表 3-14　不符合项报告

受审核部门	知识产权管理委员会	审核时间	2021 年 11 月 15 日
审核员	李某	部门负责人	王某某
不符合事实描述	体系运行期间，某某大学于 10 月 28 日举行的知识产权贯标学习会，缺失培训记录。		
不符合条款	不符合 GB/T 33251—2016 标准中 6.1.2 培训 b）条款内容："组织对知识产权管理人员、知识产权服务支撑机构人员、知识产权专员等进行培训"。		
性质	□严重　　☑一般　　□轻微　　□观察项		
纠正措施要求	采取纠正及纠正措施，并对纠正措施实施效果进行验证。		
纠正措施完成日期	2021 年 11 月 16 日		
纠正措施跟踪验证	将于 2021 年 11 月 16 日进行培训		
审核员： 日期：		部门负责人： 日期：	

表 3-15　纠正措施验证

受审核部门	知识产权管理委员会	审核时间	2021 年 11 月 15 日
审核员	李某	部门负责人	王某某
不符合事实描述	体系运行期间，某某大学于 10 月 28 日举行的知识产权贯标学习会，缺失培训记录。		
不符合条款	不符合《高等学校知识产权管理规范》（GB/T 33251—2016）中"6.1.2 培训 b）"条款内容："组织对知识产权管理人员、知识产权服务支撑机构人员、知识产权专员等进行培训"。		

续表

不符合原因分析	知识产权管理委员会在组织培训时未按照条款规定操作。
	部门负责人： 日期：
不符合纠正措施	计划于11月16日组织知识产权管理委员会工作人员对《高等学校知识产权管理规范》（GB/T 33251—2016）中"6.1.2 培训b）"条款进行培训。
	部门负责人： 日期：
不符合纠正措施完成情况	已于11月16日组织知识产权管理委员会工作人员对《高等学校知识产权管理规范》（GB/T 33251—2016）中"6.1.2 培训b）"条款进行培训。
	部门负责人： 日期：
纠正措施跟踪验证	
	部门负责人： 日期：

表 3-16 签到表

时间	2021年11月16日	地点	知识产权管理委员会
主题	关于《高等学校知识产权管理规范》（GB/T 33251—2016）中"6.1.2 培训b）"条款的培训	主持人	李某
应到人数	7	实到人数	7
序号	姓名		部门
1			知识产权管理委员会
2			知识产权管理委员会
3			知识产权管理委员会
4			知识产权管理委员会
5			知识产权管理委员会
6			知识产权管理委员会
7			知识产权管理委员会
8			

缺席人：无

日期：2021年12月16日

表 3-17 会议记录

会议时间	2021 年 11 月 16 日	参与部门	知识产权管理委员会
会议主要内容	知识产权管理委员会 7 名成员进行授课，围绕《高等学校知识产权管理规范》（GB/T 33251—2016）中"6.1.2 培训 b）"条款"组织对知识产权管理人员、知识产权服务支撑机构人员、知识产权专员等进行培训"的内容，进行详细讲解，使参与会议的人员熟悉掌握条款内容，在今后的工作中能够根据标准合理运用相关条款内容，贯彻知识产权贯标体系的相关要求。		
知识产权管理委员会意见	培训内容符合知识产权贯标体系的相关要求，知识产权管理委员会通过学习能够熟练掌握《高等学校知识产权管理规范》中"6.1.2 培训 b）"条款内容，对今后的工作要求更加标准化、规范化。培训效果良好。 签字：　　　　　　　　时间：		

表 3-18 检查监督报告

审核目的	通过对知识产权管理体系的自我检查监督，检查体系运行的有效性和是否符合标准及规定，寻找改进机会。					
审核范围	知识产权管理体系覆盖的产品、知识产权相关部门和所有要素					
审核依据	■GB/T 33251—2016 标准　■管理体系文件　■适用法律法规　■其他相关方要求					
审核日期	2021 年 11 月 15 日	编制人	李某	报告日期	2021 年 11 月 16 日	
知识产权管理体系监督改进情况						
本次审核共计发现 1 项不符合项，发现部门：知识产权管理委员会，性质：一般						

一、校长
1. 批准和发布高校知识产权目标。
2. 批准和发布知识产权政策、规划。
3. 审核或在其职责范围内决定知识产权重大事务。
4. 明确知识产权管理职责和权限，确保有效沟通。
5. 确保知识产权管理的保障条件和资源配备。

续表

二、学校知识产权管理委员会（常设科研处）
1. 配备知识产权管理人员和知识产权专员，协助院系、科研机构负责人承担本部门以下职责：知识产权计划拟订和组织实施；知识产权日常管理，包括统计知识产权信息并报送知识产权管理机构备案等。
2. 拟定与高校科学研究、社会服务、人才培养、文化传承创新相适应的知识产权长期、中期和短期目标。
3. 审核知识产权政策、规划，并监督执行情况。
4. 建立知识产权绩效评价体系，将知识产权作为高校绩效考核的评价指标之一。
5. 提出知识产权重大事务决策议案。
6. 审核知识产权重大资产处置方案。
7. 建立职务发明奖励报酬制度，依法对发明人给予奖励和报酬，对为知识产权运用做出重要贡献的人员给予奖励。
8. 统筹协调知识产权管理事务。

三、智能工程学院
自科院系包括土木工程学院、信息工程学院、智能工程学院、统计与大数据学院，此次抽查智能工程学院。
1. 配备知识产权管理人员和知识产权专员，协助院系、科研机构负责人承担本部门以下职责：知识产权计划拟订和组织实施；知识产权日常管理，包括统计知识产权信息并报送知识产权管理机构备案等。
2. 制订知识产权培训计划；组织对知识产权管理人员、知识产权服务支撑机构人员、知识产权专员、承担重大科研项目的科研人员、教职员工进行知识产权培训。
3. 在选题阶段，建立信息收集渠道，获取拟研究选题的知识产权信息；对信息进行分类筛选和分析加工，把握技术发展趋势，确定研究方向和重点。
4. 在立项阶段，进行专利信息、文献情报分析，确定研究技术路线，提高科研项目立项起点；识别科研项目知识产权需求，进行知识产权风险评估，确定知识产权目标；在签订科研项目合同时，明确知识产权归属、使用、处置、收益分配等条款；对项目组人员进行培训，必要时可与项目组人员签订知识产权协议，明确保密条款；重大科研项目应明确专人负责专利信息和文献情报分析工作。
5. 在实施阶段，跟踪科研项目研究领域的专利信息、文献情报，适时调整研究方向和技术路线；及时建立、保持和维护科研过程中的知识产权记录文件；项目组成员在发布与本科研项目有关的信息之前，应经项目组负责人审查；使用其他单位管理的国家重大科研基础设施和大型科研仪器时，应约定保护身份信息以及在使用过程中形成的知识产权和科学数据等内容；及时评估研究成果，确定保护方式，适时形成知识产权；对于有重大市场前景的科研项目，应以运用为导向，做好专利布局、商业秘密保护等。
6. 在结题阶段，提交科研项目成果的知识产权清单，包括但不限于专利、文字作品、图形作品和模型作品、植物新品种、计算机软件、商业秘密、集成电路布图设计等；依据科研项目知识产权需求和目标，形成科研项目知识产权评价报告；提出知识产权运用建议。

续表

四、统计与大数据学院
自科院系包括土木工程学院、信息工程学院、智能工程学院、统计与大数据学院,此次抽查统计与大数据学院。
1. 配备知识产权管理人员和知识产权专员,协助院系、科研机构负责人承担本部门以下职责:知识产权计划拟订和组织实施;知识产权日常管理,包括统计知识产权信息并报送知识产权管理机构备案等。
2. 制订知识产权培训计划;组织对知识产权管理人员、知识产权服务支撑机构人员、知识产权专员、承担重大科研项目的科研人员、教职员工进行知识产权培训。
3. 在选题阶段,建立信息收集渠道,获取拟研究选题的知识产权信息;对信息进行分类筛选和分析加工,把握技术发展趋势,确定研究方向和重点。
4. 在立项阶段,进行专利信息、文献情报分析,确定研究技术路线,提高科研项目立项起点;识别科研项目知识产权需求,进行知识产权风险评估,确定知识产权目标;在签订科研项目合同时,明确知识产权归属、使用、处置、收益分配等条款;对项目组人员进行培训,必要时可与项目组人员签订知识产权协议,明确保密条款;重大科研项目应明确专人负责专利信息、文献情报分析工作。
5. 在实施阶段,跟踪科研项目研究领域的专利信息、文献情报,适时调整研究方向和技术路线;及时建立、保持和维护科研过程中的知识产权记录文件;项目组成员在发布与本科研项目有关的信息之前,应经项目组负责人审查;使用其他单位管理的国家重大科研基础设施和大型科研仪器时,应约定保护身份信息以及在使用过程中形成的知识产权和科学数据等内容;及时评估研究成果,确定保护方式,适时形成知识产权;对于有重大市场前景的科研项目,应以运用为导向,做好专利布局、商业秘密保护等。
6. 在结题阶段,提交科研项目成果的知识产权清单,包括但不限于专利、文字作品、图形作品和模型作品、植物新品种、计算机软件、商业秘密、集成电路布图设计等;依据科研项目知识产权需求和目标,形成科研项目知识产权评价报告;提出知识产权运用建议。

五、会计学院
人文社会科学(系)包括商学院、管理学院、会计学院、艺术设计学院、教育学院、金融学院、外国语学院、文化与传媒学院、马克思主义学院,此次抽查会计学院。
1. 配备知识产权管理人员和知识产权专员,协助院系、科研机构负责人承担本部门以下职责:知识产权计划拟订和组织实施;知识产权日常管理,包括统计知识产权信息并报送知识产权管理机构备案等。
2. 制订知识产权培训计划;组织对知识产权管理人员、知识产权服务支撑机构人员、知识产权专员、承担重大科研项目的科研人员、教职员工进行知识产权培训。
3. 在签订科研项目合同时,应签订著作权归属协议或在合同中专设著作权部分,明确约定作品著作权的归属、署名、著作权的行使,对作品的使用与处置、收益分配,涉及著作权侵权时的诉讼、仲裁解决途径等。
4. 对项目组人员进行培训,并与项目组人员签订职务作品著作权协议,约定作品的权利归属;必要时应采取保密措施,避免擅自先期发表、许可、转让等。
5. 创作完成时提交科研项目成果,包括但不限于论文、著作、教材、课件、剧本、视听作品、计算机程序等。

续表

六、图书馆
1. 配备知识产权管理人员和知识产权专员，协助院系、科研机构负责人承担本部门以下职责：知识产权计划拟订和组织实施；知识产权日常管理，包括统计知识产权信息并报送知识产权管理机构备案等。
2. 受知识产权管理机构委托，提供知识产权管理工作的服务支撑。
3. 为知识产权重大事务、重大决策提供服务支撑。
4. 开展重大科研项目专利导航工作，依需为科研项目提供知识产权服务支持。
5. 受知识产权管理机构委托，建设、维护知识产权信息管理平台，承担知识产权信息利用培训和推广工作。
6. 承担知识产权信息及其他数据文献情报收集、整理、分析工作。
7. 加强信息资源的知识产权管理：建立信息收集渠道，及时获取知识产权信息。
8. 对知识产权信息进行分类筛选和分析加工，并加以有效利用。
9. 明确涉密信息，规定保密等级、期限和传递、保存、销毁的要求。
10. 建立信息披露的知识产权审查机制，避免出现侵犯知识产权情况或造成知识产权流失。
11. 配合学校知识产权管理委员会工作。

七、教务处
1. 配备知识产权管理人员和知识产权专员，协助院系、科研机构负责人承担本部门以下职责：知识产权计划拟订和组织实施；知识产权日常管理，包括统计知识产权信息并报送知识产权管理机构备案等。
2. 组织对学生进行知识产权培训，提升知识产权意识。
3. 学生进入项目组，应对其进行知识产权提醒。
4. 学生因毕业等原因离开高校时，可签署知识产权协议或保密协议。
5. 根据需要面向学生开设知识产权课程。
6. 配合学校知识产权管理委员会工作。

八、总务处
1. 配备知识产权管理人员和知识产权专员，协助院系、科研机构负责人承担本部门以下职责：知识产权计划拟订和组织实施；知识产权日常管理，包括统计知识产权信息并报送知识产权管理机构备案等。
2. 加强知识产权管理的资源保障，包括：建立知识产权管理信息化系统；根据需要配备软硬件设备、教室、办公场所相关资源，保障知识产权工作的运行。
3. 加强基础设施的知识产权管理，包括：
（1）采购实验设备、软件、用品、耗材时明确知识产权条款，处理实验用过物品时进行相应的知识产权检查，避免侵犯知识产权；
（2）国家重大科研基础设施和大型科研仪器向社会开放时，应保护用户身份信息以及在使用过程中形成的知识产权和科学数据，要求用户在发表著作、论文等成果时标注利用科研设施仪器的情况；
（3）明确可能造成泄密的设备，规定使用目的、人员和方式；明确涉密区域，规定参访人员的活动范围等。
4. 配合学校知识产权管理委员会工作。

续表

九、人事处
1. 配备知识产权管理人员和知识产权专员，协助院系、科研机构负责人承担本部门以下职责：知识产权计划拟订和组织实施；知识产权日常管理，包括统计知识产权信息并报送知识产权管理机构备案等。
2. 在劳动合同、聘用合同、劳务合同等各类合同中约定知识产权权属、奖励报酬、保密义务等；明确发明创造人员享有的权利和承担的义务，保障发明创造人员的署名权；明确教职员工造成知识产权损失的责任。
3. 对新入职教职员工进行适当的知识产权背景调查，形成记录；对于与知识产权关系密切的岗位，应要求新入职教职员工签署知识产权声明文件。
4. 对离职、退休的教职员工进行知识产权事项提醒，明确有关职务发明的权利和义务；涉及核心知识产权的教职员工离职、退休时，应签署知识产权协议，进一步明确约定知识产权归属和保密责任。
5. 建立符合知识产权工作特点的职称评定、岗位管理、考核评价制度，将知识产权工作状况作为对相关院系、科研机构及教职员工进行评价、科研资金支持的重要内容和依据之一。
6. 配合学校知识产权管理委员会工作。

十、财务处
1. 配备知识产权管理人员和知识产权专员，协助院系、科研机构负责人承担本部门以下职责：知识产权计划拟订和组织实施；知识产权日常管理，包括统计知识产权信息并报送知识产权管理机构备案等。
2. 设立经常性预算费用，用于知识产权申请、注册、登记、维持；知识产权检索、分析、评估、运营、诉讼；知识产权管理机构运行；知识产权管理信息化；知识产权信息资源；知识产权激励；知识产权培训；其他知识产权工作。
3. 配合学校知识产权管理委员会工作。

十一、创新创业学院
1. 配备知识产权管理人员和知识产权专员，协助院系、科研机构负责人承担本部门以下职责：知识产权计划拟订和组织实施；知识产权日常管理，包括统计知识产权信息并报送知识产权管理机构备案等。
2. 基于分级清单，对于有转化前景的知识产权，评估其应用前景，包括潜在用户、市场价值、投资规模等；评估转化过程中的风险，包括权利稳定性、市场风险等。
3. 根据应用前景和风险的评估结果，综合考虑投资主体、权利人的利益，制定转化策略。
4. 通过展示、推介、谈判等建立与潜在用户的合作关系。
5. 结合市场需求，进行知识产权组合并推广。
6. 鼓励利用知识产权创业。
7. 许可或转让前确认知识产权的法律状态及权利归属，确保相关知识产权的有效性。
8. 调查被许可方或受让方的实施意愿，防止恶意申请许可与购买行为。
9. 许可或转让应签订书面合同，明确双方的权利和义务。
10. 监控许可或转让过程，包括合同的签署、备案、变更、执行、中止与终止，以及知识产权权属的变更等，预防与控制交易风险。
11. 利用知识产权作价投资。
12. 配合学校知识产权管理委员会工作。

续表
知识产权管理体系运行状况评价

结论：	
本次审核认为学校各部门已经较认真地按照 GB/T 33251—2016 标准及高校知识产权管理体系文件要求开展工作，体系运行基本满足要求，但还有较大的改进空间。本次审核中发现 1 项不符合项，仍有进步的空间，希望各部门进一步努力提高知识产权管理水平。各部门也应举一反三寻找本部门不足之处，完善并加以改进，使部门管理水平迈上一个新台阶，进而使整个学校的管理水平步入规范化、标准化、制度化的轨道。本次审核认为学校知识产权管理体系运行基本有效，但在知识产权获取、风险、培训方面应进一步加强提高。	
其他建议	无
审核员：	批准意见： 学校知识产权管理委员会：

第三节　贯标实施过程中认证机构操作流程 ❶

依据《管理体系审核指南》GB/T 19011—2021，高校知识产权管理体系的审核流程分为审核的启动、审核活动的准备、审核活动的实施、审核报告的编制和分发、审核的完成、审核后续活动的实施。

一、审核的启动

对高校知识产权管理体系审核的责任应当由指定的审核组长承担，直到审核完成，即审核组长要对高校知识产权管理体系审核的全过程负责。审核组长负责以正式和非正式的方式与高校就知识产权管理体系审核的实施进行初步联系。正式的方式包含发送审核通知书、任务下达书，非正式的方式包含电话沟

---

❶ 李在卿. 管理体系审核指南[M]. 北京：中国标准出版社，2014.

通、微信沟通。

（一）与高校建立初步联系的目的

（1）确认与高校的代表建立沟通渠道，包括确定联系人、联系电话、联系邮箱、通讯地址等保持沟通所必需的渠道。

（2）确认实施知识产权管理体系审核的权限，即与高校的代表确认本次知识产权管理体系审核活动已经得到授权。

（3）沟通有关本次知识产权管理体系审核的目标、审核范围、审核方法、审核准则和审核组成员（包括技术专家）的相关信息。

（4）请求有权使用策划审核的相关文件和记录，例如要求高校提供知识产权管理体系文件，进行成文信息评审和编制审核计划，包括关于高校已识别的风险和机遇，以及如何应对这些风险和机遇的信息。

（5）确定与高校的科学研究和教学活动有关的适用法律法规要求、合同要求及其他要求。

（6）确认与高校关于保密信息的披露程度和处理事项。

（7）对审核做出安排，主要是知识产权管理体系审核日程的安排，尤其是每天的审核时间和高校上下班时间是否冲突。

（8）确认需要审核的场所、安保、健康安全或其他要求，尤其是新冠肺炎疫情期间的防疫要求。

（9）审核组向高校表达对向导的需求，若有观察员或翻译人员的到场则需达成一致意见。

（10）确定高校与特定审核有关的利益问题或风险事项。

（11）与高校或审核委托方解决审核组的组成问题。

（12）在知识产权管理体系审核期间，根据高校、认证合同以及审核方案的要求，需要审核组成员注意的事项。

（二）确定审核的可行性

（1）审核的可行性是指认证机构与高校双方都能够为知识产权管理体系审

核进行必要的安排，使知识产权管理体系具备实施审核的条件。

在成立审核组后，实施审核前，审核组应当与高校确定知识产权管理体系审核的可行性，其目的是确保知识产权管理体系审核能够得以实施和审核目标得到有效实现。

知识产权管理体系审核的可行性通常由认证机构负责管理审核方案的人员或指定的审核组长来确定。确定知识产权管理体系审核的可行性应考虑是否具备以下因素：

①高校的知识产权管理体系运行时间是否充分，包括是否进行检查监督及绩效评价、能否提供改进提高的证据；

②在审核期间，高校正常的教学科研活动能否正常开展；

③高校的知识产权管理体系文件（如《知识产权管理手册》、知识产权制度文件等）能否提交；

④申请认证的范围是否有足够的科研项目支撑；

⑤高校的情况，如高校的名称、地址、法律地位、资质等；

⑥知识产权管理体系的一般信息，如规模与人数、组织结构、主要科研设施和场所等；

⑦高校适用的标准，法律法规和其他要求等。

（2）高校的各校属学院（系）、直属机构、项目组等对应的知识产权管理人员是否能够给予充分的合作。

①高校的知识产权管理人员需了解知识产权管理体系的贯标认证流程，并为知识产权管理体系审核的实施做出充分的安排，提供知识产权管理体系审核所需的支持和配合。

②提供为成文信息评审所需的知识产权管理体系文件、知识产权制度文件等。

③为知识产权管理体系审核而需要进入特定的场所，观察科研活动，调阅相关运行记录和访问受审核人员等。

④审核组的内部活动、文印、食宿行等方面的安排。

⑤如果高校不进行积极配合，则知识产权管理体系审核将无法获得良好的

效果。当知识产权管理体系审核不可行时，应当向认证机构审核方案管理人员提出替代方案，并与高校协商达成一致意见。

（3）实施知识产权管理体系审核所需的足够时间和资源。

高校应为知识产权管理体系审核的准备和实施，安排充分的时间和配备充足的资源。如经过审核组的确认，发现还不具备知识产权管理体系审核的可行性，审核组长应向高校提供建议，包括推迟审核时间、变更审核目的、调整审核范围等，与高校进行协商达成一致意见，并报告管理审核方案的人员。

进行知识产权管理体系审核需要确认的时间和资源：

①审核日期的确认要为审核组成员的选择、成文信息的评审、审核计划的编制等知识产权管理体系审核准备工作留出充分的时间；

②确认能够安排充分的审核时间和具备相应知识、技能和经验的审核；

③资源包括有权使用适当的信息和通信技术。

当协商的审核时间和资源不充分时，应向认证机构审核方案管理人员提出替代方案，并与高校协商达成一致意见。

二、审核活动的准备

（一）成文信息的评审

应对高校实施知识产权管理体系过程中形成的成文信息进行评审，以便收集与高校知识产权管理体系有关的信息。评审成文信息的内容应考虑高校的规模、性质和运行知识产权管理体系的复杂程度，以及知识产权管理体系运行中的风险和机遇，还应考虑审核目标、范围和准则。

成文信息包括但不限于知识产权管理体系文件、知识产权制度文件、运行记录、职能分配等方面的信息。对高校提交的知识产权管理体系文件的成文信息评审，是第一阶段的重要内容之一；在第二阶段审核及以后的监督审核的现场审核过程中，都要持续不断地对成文信息进行评审；再认证审核时，还要重新全面地对成文信息进行专门的评审，特别是体系文件换版或修订后。

知识产权管理体系初次审核时准备阶段的成文信息评审，应了解高校知识产权管理体系的运行情况，评审高校提交的申请文件及随申请书提交的其他相关材料，为现场审核提前准备工作文件，以便审核组长合理策划现场审核、编制审核计划，对审核组进行合理的分工和安排，指导审核组成员有针对性地提前准备审核工作文件。

知识产权管理体系监督审核准备阶段的成文信息评审，包括上次的审核计划、审核记录、不符合报告、纠正及纠正措施、审核报告和高校申请监督审核时提交的文件。再认证审核时准备阶段的成文信息的评审包含上一个认证周期内（如初次审核和 2 次监督审核），各次审核的不符合报告、纠正及纠正措施、审核报告和高校申请再认证时提交的文件。在提交监督审核或再认证申请包时，若知识产权管理体系有变更，需要提交变更材料进行成文信息评审，如修订或换版后的知识产权管理体系文件，变更的场所、范围等信息。

对高校提交的知识产权管理体系成文信息的范围和程度概况的评审，确定是否符合审核准则，并指出成文信息评审问题清单，内容包括标准条款号、知识产权管理体系文件名称及章节号、问题描述等，在现场审核前提请高校进行必要的整改和完善，成文信息的评审结论是对文件进行修订并经审核组长验证和签署确认意见，符合要求后方可安排现场审核。

在审核可行的情况下，审核组长应考虑成文信息是否提供了充足的客观证据来证实要求已得到满足，成文信息应当完整、正确、一致和现行有效。其中"完整"是指成文信息中是否包含所有期望的内容，"正确"是指内容是否符合标准和法规等其他可靠来源，"一致"是指成文信息本身以及与相关文件是否都是一致的，"现行有效"是指内容是否是最新的。

验证知识产权管理体系成文信息是否有足够的客观证据来证明满足要求，如果成文信息是由不同的个人或替代载体提供，导致和预期不一致，则应评估证据的完整性。根据数据保护相关的适用法规，需要格外关注审核范围之外，但又包含在知识产权管理体系文件中等方面的信息安全问题。

如果在审核策划所规定的时间框架内提供的成文信息不适宜、不充分，审核组长应告知审核方案管理人员和高校，根据审核目标和范围决定是否继续审核或暂停，直到有关成文信息的问题得到解决。

要出具成文信息评审报告，需对成文信息的可操作性进行评价，并针对不符合要求的成文信息开具成文信息的评审问题清单（见表3-19）。

成文信息评审的结论及说明有以下情形：

（1）被评审的成文信息符合标准要求。

（2）被评审的成文信息基本满足标准要求，不足之处请在现场审核前完成补充和／（或）修改。

（3）被评审的成文信息不符合标准要求（不符合标准要求包括成文信息不适宜、不充分，如存在与审核准则的不符合、知识产权管理体系或知识产权制度文件规定与高校的实际情况或惯例明显不相符，高校知识产权管理体系文件照搬标准，对高校知识产权管理体系的描述不充分等），请按问题清单修改后再次提交评审成文信息，待重新评审并符合标准要求后，方可进行现场审核。

表3-19 成文信息评审报告

合同编号：
受审核方：

审核类型	■初审 □监督1 □监督2 □再认证 □特殊审核
审核准则	□ GB/T 29490—2013 □ GB/T 33250—2016 ■ GB/T 33251—2016 ■国家／行业／地方有关的法律、法规及标准；受审核方的管理体系文件 □其他：
审查内容	□手册： 版本， 实施（需写明手册的版本及实施日期） □程序／制度文件数量： ，内容、数量等是否满足要求： 。 □其他：
不适用标准条款 【适用时】	不适用条款：＿＿＿＿＿＿＿＿＿＿； 不适用条款合理性的评价：＿＿＿＿＿＿。
成文信息评审问题清单	

编号	标准条款号	知识产权管理体系文件名称及章节号	问题描述	整改结果确认

续表

备注：
1. "整改结果确认"一栏，需受审核方配合提供相关整改证据（如修改的知识产权管理体系文件）并经验证合格后方可签署确认意见。
2. 相关整改材料，应作为本报告的附件一并归档。

成文信息评审结论及说明：
经对知识产权管理手册、程序/制度文件等审查：
☐ 被评审的成文信息符合标准要求。
☐ 被评审的成文信息基本满足标准要求，不足之处请在现场审核前完成补充和/（或）修改。
☐ 被评审的成文信息不符合标准要求，请按问题清单修改后再次提交文件审查，待重新审查并符合标准要求后，方可进行现场审核。

备注：
1. 知识产权管理体系的其他成文信息将结合现场审核进行审查；
2. 审查结论为基本满足或不符合标准要求时，需要填写上述的《成文信息评审问题清单》，并对整改结果进行确认。

文件评审人：　　审核组长：　　日　期：

文件修改后的验证结论：
（仅当成文信息评审发现问题时适用）

审核组长/验证人：　　日　期：

（二）审核的策划

1. 采用基于风险的方法策划

审核组长根据审核方案中的信息和经过评审的成文信息，通过基于风险的方法进行策划审核。审核策划需要考虑审核过程中对高校正常教学科研等过程的影响，为认证机构、审核组、高校对实施认证审核达成一致意见提出建议。通过严谨的策划活动来促成审核的高效安排和协调，以便有效地实现审核目标。

审核策划的主要内容之一为审核计划。审核计划的详略程度应反映出审核的范围和复杂程度及未实现审核目标的风险。审核计划要有充分的灵活性，其详细程度应反映出审核的范围和复杂程度，以及未能实现审核目标的风险。随着审核活动的开展，审核计划可进行必要的调整，以便适应审核现场需求。审核组长制订审核计划时，主要考虑的因素包括以下几点。

（1）审核组的组成及整体能力。主要包含审核组的审核经验、审核组成员的专业能力是否与高校申请的科学研究范围相符等。

（2）适当的抽样技术。主要包含多现场抽样方案、判断抽样方案、统计抽样方案，这些抽样技术都可能会影响审核方案的详略程度。

（3）提高审核活动的有效性和效率的机会。加强审核广度和审核深度信息的收集，收集的审核证据需覆盖审核范围，提高审核有效性。审核过程要分清主次，关注重点过程和结果，提高审核效率。

（4）由于无效的审核策划造成实现审核目标的风险。要求审核过程中要统筹考虑各方风险，对审核计划做好详细策划，避免在审核过程中由于审核策划问题造成无法实现审核目标的风险。

（5）实施审核造成的高校的风险。审核组成员的存在可能对高校正常的科研、教学活动等产生影响，从而对高校造成风险。

高校建立知识产权管理体系和认证的目的不同、规模大小不同、知识产权管理水平不同、拥有资源不同等因素会给高校带来不同的风险，因而审核组为了避免或减少风险❶，应采用基于风险的方法策划出不同详略程度的审核计划。

2. 审核策划的具体内容

不同的审核阶段，包含初次审核、监督审核、再认证等，审核策划的规模和内容可以不同。审核策划需要充分的灵活性，以便随着审核活动的进展进行适当的调整，适应审核活动的进行。

审核策划主要是以审核计划为主的策划活动，主要包括以下内容。

（1）审核目标。说明本次审核的目的，评价高校知识产权管理体系的建立、运行的符合性及有效性，确定是否推荐认证注册。

（2）审核范围（包括高校及其职能的识别，以及受审核的过程）。主要描述本次审核高校教学、科学研究过程中的相关知识产权管理活动等。

---

❶ 李在卿. 管理体系审核指南［M］. 北京：中国标准出版社，2014.

（3）审核准则和引用的成文信息。主要包括《高校知识产权管理规范》（GB/T 33251—2016），相关的法律、法规，高校的知识产权管理体系文件等。

（4）拟实施审核活动的位置（实际和虚拟）、日期，预期时间和持续时间（包括与高校管理者的会议）。主要包括高校的注册地址、教学科研地址、审核日期、各院系部门审核时间及对应审核要素、首末次会议时间、审核组内部交流与总结时间等。

（5）审核组对熟悉高校的设施和过程的需求。通过现场巡查等方式查验及了解高校的科研设施、教学活动的具体情况；特殊情况下，可以通过通信技术进行远程查验。

（6）拟采用的审核方法（包括为获得足够的审核证据需要进行审核抽样的程度）。一般采用现场审核的方式进行，特殊情况下可采用远程审核的方式进行。在审核计划中通过对各校属学院（系）、直属机构、项目组和对应条款的安排就能体现不同的审核方法，如按过程审核和按部门审核的计划及按顺序审核和按逆向审核的审核计划不同。为获得足够的审核证据，适用时还包括不同的抽样方案。

（7）审核组成员、向导、观察员和翻译人员的角色和职责。描述审核过程中每个成员的角色和对应的职责，如审核组长、审核组成员、技术专家、向导、观察员、翻译人员等。

（8）在考虑与拟审核的活动有关的风险和机遇的基础上配置适当的资源

对应的审核活动有风险或机遇时，应当配置适当的资源进行合理的处置，对于不便于对外公开的场所或文件，可在满足审核证据的基础上做适当的加密处理。

3. 审核策划在必要时还应考虑的信息

明确本次审核过程中高校的代表；当审核员和高校使用的语言不同时，应当就审核工作和审核报告所用的语言达成统一意见；审核报告的主题；审核员的行程、住宿等后勤安排，包括对受审核地点的具体安排；审核过程中对实现审核目标的风险和产生的机遇而采取合理的抽样措施，避免或减少在审核过程中双方面临的风险；与保密和信息安全有关的事项❶；对高校的绩效评价和认证机构上次审核不符合纠正措施的验证或其他来源的任何后续行动等；对所策划的审核的任何后续活动，需要双方合同约定，并在审核计划中体现。

审核计划需经高校的评审和确认，并且符合审核方案的要求。经过确认的审核计划要在现场审核之前提交给高校，以便高校提前做出合理的安排。高校对审核计划的任何问题要在审核组长、高校和认证机构审核方案管理人员（如有必要）之间得到解决。

（三）审核组工作分配

审核组长一般通过召开内部会议的方式，与审核组内的成员进行协商，将决定审核具体过程、活动、职能及地点的职责，分配给审核组的每个成员，必要时分配相应的决策权。在分配工作的过程中应兼顾公正性、客观性和审核员能力以及对资源的有效利用，包括审核员、实习审核员和技术专家的不同角色和职责。在现场审核中，为确保审核目标的实现，分配工作任务可能会因合理的原因随着审核的进展而适当地调整。

（四）准备审核需要的成文信息

审核组成员应收集和评审与审核任务有关的成文信息，依据《高校知识产权管理规范》（GB/T 33251—2016）、高校的知识产权管理体系文件以及相应的法律法规，并利用任何适当的载体为审核准备成文信息，用于在审核过程中参考和记录审核证据。

审核用成文信息可以包括但不限于以下内容。

（1）纸质或数字化的检查表，一般体现在审核计划中，可以和现场审核记录合并使用。

（2）审核抽样具体内容，抽样方案包含判断抽样方案、统计抽样方案、多场所抽样方案等。

---

❶ 李在卿. 管理体系审核指南［M］. 北京：中国标准出版社，2014.

（3）视听信息，包括审核过程中运用到的音视频资料、首末次会议签到表、不符合报告表等。

上述信息的使用，不应对审核活动的范围和程度有所限制，可随着审核过程中收集的信息而进行适当的调整。

当准备审核工作文件时，审核组应针对每份文件考虑下列问题。

①使用这份工作文件时将产生哪些审核记录？

②哪些审核活动与此特定的工作文件相关联？

③谁将是此工作文件的使用者？

④准备此工作文件需要哪些信息？

（4）审核组成员应当妥善保管为审核准备和产生的成文信息，特别涉及保密或专有信息的成文信息，至少要保留到审核完成或审核方案中规定的时间，并在约定的时间内交给审核组长，以便及时作出审核结论。

三、审核活动的实施

知识产权管理体系审核活动的实施主要包括为向导和观察员分配角色和职责、举行首次会议、审核中的沟通、审核信息的可获取性和访问、实施审核时的成文信息评审、收集和验证信息、形成审核发现、确定审核结论、举行末次会议的顺序进行，顺序可根据具体审核的情境而改变。

（一）为向导和观察员分配角色和职责

向导由高校指定并协助审核组进行知识产权管理体系审核工作，根据审核组长或审核组审核员的要求采取具体的行动。向导的主要职责如下。

（1）代表高校与审核组建立联系并协助审核员确定受审人员的时间和地点。

（2）安排访问高校的特定场所。

（3）确保审核组成员和观察员了解、遵守高校有关场所的保密和安全规定等其他问题的安排规则并已有应对方案。

（4）代表高校见证知识产权管理体系审核过程中的审核证据。

（5）在审核过程中帮助收集信息并做好解释工作。

观察员可能是来自本校或其他高校的人员、认可机构的评审人员、政府监管机构的稽查人员、咨询机构的人员、高校所在地地方政府相关部门人员等。观察员只是对审核组的知识产权管理体系的审核过程进行观察，并不参与具体的知识产权管理体系审核活动。

向导和观察员需获得审核组长、认证机构和/（或）高校的批准，方可陪同审核组。向导和观察员不得影响或干扰知识产权管理体系审核工作的正常进行。若不能保证，审核组长应有权拒绝观察员在一些特定的审核活动中出现。对于观察员的访问、保密等任何方面的安排，应受认证机构和高校的约定进行管理。

（二）举行首次会议

1. 首次会议的目的

确认审核组、所有参与者对审核计划的安排达到一致，介绍审核组成员及其角色，确保前期所策划的审核活动能够顺利实施。

2. 首次会议的内容

首次会议应当以正式的方式由审核组长主持，与高校的管理者、知识产权管理委员会的代表、各校属学院（系）、直属机构的代表等举行，并提供首次会议签到表，会议的详略程度应与高校对审核过程的熟悉程度相一致。会议期间，应给高校提供提问的机会并记录会议内容。

（1）首次会议介绍的事项。

①对其他参加者介绍观察员、向导、翻译人员和他们的角色；

②管理由于审核组成员的到场而导致的高校风险的审核方法；

③首次会议确认的事项：

致谢、声明审核目的、范围和准则；

确认审核计划和与高校有关的其他相关安排，如各校属学院（系）及直属机构的审核时间和日期、末次会议的日期和时间，审核组与高校管理者之间的任何临时会议，以及所需的任何变更；

审核组与高校正式沟通的渠道；

审核所使用的语言；

审核过程中对高校审核进度的通报；

审核组所需的资源和设施的可用性；

有关保密及信息安全的事宜；

对审核组、观察员的访问、巡视高校场所的安排；

能够影响审核实施的现场活动。

（2）首次会议应考虑提供的信息。

①报告审核发现的方法、审核方法及局限性和代表性的说明、审核结论的说明；

②有关审核可能被终止的说明；

③审核期间的审核发现应当如何处理；

④声明受高校对审核工作的异议或投诉申诉的任何渠道。

（三）审核中的沟通

在知识产权管理体系审核过程中，需要对审核组成员之间，审核组与高校、认证机构、可能的外部相关方（例如监管机构）之间的沟通做出正式安排，特别是遇到法律法规要求与强制性报告不符合的情况。

1. 审核组内部的沟通

审核组内部应定期讨论，以交换信息，评估审核进度。

（1）审核策划的安排是否适当？是否与高校的实际情况相适应，是否需要重新调整？

（2）审核组成员的分工是否合理，是否需要对审核组成员的工作重新分配？

（3）审核是否按照审核策划的安排进行？是否达到了预期的效果？

（4）上次审核开具的不符合及纠正措施有效性验证情况。

（5）审核过程中的关注点及注意情况。

（6）审核过程中遇到特殊情况采取何种应对措施？

（7）审核组成员之间通过不同方式获取的审核信息汇总及相互补充验证，通过汇总获得的审核证据，对比审核准则，形成审核发现。

（8）评审审核发现，讨论不符合项开具的适宜性。

（9）对审核结论达到统一意见。

（10）当高校有要求时，对知识产权管理体系提出改进的建议。

2. 与高校的沟通

（1）及时与高校沟通审核进度，以便高校适时配合。

（2）审核中收集的证据显示存在紧急和重大的风险时，应立即报告给高校。

（3）在抽样的过程中，所收集到的审核证据不能达到审核目的时，审核组长对审核过程及时调整并进行沟通，以确定适当的措施。如出现严重违反法律法规的情形、高校的实际人数与其申请书中提交的人数严重不相符等。

（4）超出审核范围之外的，但对高校有重大影响等需要引起关注的问题，应予以记录。

3. 与认证机构的沟通

（1）审核中遇到无法解决的困难和障碍、策划的审核时间不够等异常情况。

（2）审核中收集的证据表明存在紧急和重大风险时的情况报告。

（3）随着审核活动的进行，出现需要变更审核策划、审核范围、审核目标、审核时间和需要终止审核时。

（四）审核信息的可获取性和访问

在高校知识产权管理体系审核过程中，对于不同的审核目的、范围和准则，以及持续审核的时间和审核的场所，选择的审核方法有所不同，还需考虑审核员的实际审核能力和选择不同审核方法而出现不同的审核结果。所审核的场所包括实际位置和虚拟位置，是审核组通过特定审核活动获取信息的场所。不管运用何种方式，在不同的时间段及不同的地点访问审核信息，对审核影响非常大，这与创建、使用或存储信息的位置无关。

对于上述情况，需要运用适合的审核方法进行知识产权管理体系审核。可单独或组合运用不同审核方法，灵活运用不同的审核方法及其组合并根据审核情境改变审核方法，可以使审核过程及其结果的效率和有效性最佳化，以实现审核目标（见表 3-20）。

知识产权管理体系审核所达到的效果与高校相关人员的相互作用以及实施审核采用的技术有关。如果审核组由多名成员组成，可以同时使用现场和远程的方法。在审核方案中，应确保适宜和平衡地应用远程和现场审核方法，以确保圆满实现审核方案的目标。

表 3-20 审核方法

审核员与高校之间的相互作用程度	审核员的位置	
	现场	远程
有人员互动	进行访谈； 在高校参与的情况下完成检查表和问卷； 在受审核方参与的情况下进行文件评审抽样。	借助交互式的通信手段进行访谈； 通过远程向导观察工作情况； 完成检查表和问卷； 在高校参与的情况下进行文件评审。
无人员互动	进行文件评审（例如记录、数据分析）； 观察工作情况； 进行现场巡视； 完成检查表； 抽样（例如，科研项目）。	进行文件评审（例如，记录、数据分析）； 在考虑社会和法律法规要求的前提下，通过监视手段来观察工作情况； 分析数据。

现场审核活动在高校的现场进行，远程审核活动在高校现场以外的地点进行。
互动的审核活动包含高校人员和审核组之间的相互交流，无互动的审核活动不存在与高校代表的交流，但需要使用设备、设施和文件。

审核组长对实施知识产权管理体系审核活动负责。在策划阶段，审核方案管理人员或审核组长对具体审核中审核方法的有效运用负责。

远程审核活动的可行性取决于一些因素（如高校所在地对疫情防控的要求，实现审核目标的风险水平，审核员和高校人员之间的信任程度以及监管要求）。

（五）实施审核时的成文信息评审

实施审核时的成文信息评审与审核活动准备阶段的成文信息评审目的、详细程度、方法有所不相同。实施审核阶段的成文信息评审包括对高校的《知识产权管理手册》、知识产权管理体系文件、运行记录等进行评审。实施审核时评审高校的成文信息主要为了确定成文信息所述的体系与审核准则的符合性，并通过收集成文信息来支持审核活动。

在不影响实施知识产权管理体系审核有效性的前提下，成文信息的评审可以与其他审核活动相结合，并贯穿在知识产权管理体系审核的全过程。因此，有关知识产权管理体系文件充分性和适宜性的总体结论需要在现场审核之后才能做出。

如果成文信息在审核期间无法正常充分提供的，审核组长应告知高校和审核方案管理人员。根据审核目标和范围决定知识产权管理体系审核是否继续进行或者做暂停处理，直至相应成文信息问题得到有效的解决。

（六）收集和验证信息

知识产权管理体系审核是在有限的时间和资源下进行的，因此审核需要通过抽样的方式进行。审核抽样方式一般采用判断抽样或统计抽样，采用不同的抽样方式决定审核证据基于或获得的信息的样本，审核的局限性主要体现在知识产权管理体系审核中抽样结果存在不确定性。

审核抽样活动应遵循"明确主体，合理抽样"的原则，主要是为降低抽样造成的审核结果的不确定性。在知识产权管理体系审核过程中，选择适当的抽样方法收集与审核目标、范围和准则有关的信息，特别是与审核范围相关的信息，并且是可以证实的，应当尽快进行验证。

应记录导致审核发现的审核证据，作为审核证据使用信息必须通过验证，在验证程度较低的情况下，审核员应运用其专业判断能力和经验，来确定是否可将其作为证据使用。审核证据是通过抽样的方式获取高校的实际信息，任何的主观臆断、道听途说、胡乱猜测、假设等无法经过证实的信息，都不能作为审核证据使用，更不能用来形成审核发现（包括不符合）。在收集客观证据的过程中，审核组成员在知识产权管理体系审核过程中，如果发现任何新的情况，或变化的情况，或风险或机遇，应及时地予以关注，并积极采取应对措施。❶ 收集和验证信息的典型过程概述如图 3-2 所示。

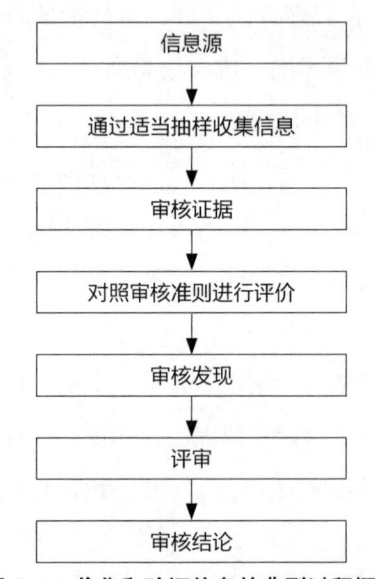

```
信息源
  ↓
通过适当抽样收集信息
  ↓
审核证据
  ↓
对照审核准则进行评价
  ↓
审核发现
  ↓
评审
  ↓
审核结论
```

图 3-2　收集和验证信息的典型过程概述

高校知识产权管理体系审核过程中收集信息的方式包括但不限于访谈、观察、成文信息评审。

（七）形成审核发现

审核证据对比审核准则最终形成审核发现，审核发现判断的依据不是审核员个人的经验和偏好，而是通过对比审核准则得到的。审核发现能表明审核证据符合或不符合审核准则的要求，因此审核发现既可能是正面的，也可能是负面的。在审核计划有规定时，具体的审核发现应包括符合项和良好实践以及它们的支持证据、改进机会和对高校提出的任何建议。当认证合同、审核方案有

---

❶ 李在卿. 质量、环境、职业健康安全管理体系内部审核员最新培训教程［M］. 北京：中国标准出版社，2016.

要求且审核目标有规定时，审核发现还应包括识别改进的机会。在审核中，可能会识别出多个与审核准则相关的审核发现，根据认证机构的安排，审核员可以指定高校如何应对这些审核发现。

1. 当确定审核发现时，应考虑的内容

（1）对以往审核记录和对结论的持续跟踪。

（2）认证机构的要求。

（3）支持审核发现的客观证据的准确性、充分性和适宜性。

（4）策划的审核活动的实现程度和所策划的结果的达成程度。

（5）非常规实践的发现，或改进的机会。

（6）抽样的样本量。

（7）审核发现的分类（如果存在）。

不符合及支持不符合的审核证据应做好记录，不符合一般是指不符合《高校知识产权管理规范》、知识产权管理体系文件等审核准则，可以根据高校所处的环境及其风险对不符合进行分级，分级可以是定量的（如1～5分），也可以是定性的（如轻微的、严重的）。应与高校共同评审这些不符合项，以确认支持不符合的审核证据的准确性，并使高校理解不符合所反映的问题及有关审核准则的要求。

2. 对于不符合的记录，应考虑的内容

（1）描述或引用的《高校知识产权管理规范》等审核准则。

（2）收集的审核证据，一般是指知识产权管理体系运行过程中形成的记录。

（3）不符合事实的陈述，审核证据和相应的审核准则不相符。

（4）相关的审核发现（适用时）。

3. 对于符合的记录，应考虑的内容

（1）对判断符合的审核准则的描述或引用。

（2）支持符合性和有效性的审核证据（适用时）。

（3）符合性陈述（适用时）。

审核组应根据需要在审核的适当阶段适时评审审核发现，如果高校和审核组之间对审核证据和审核发现有任何分歧意见，应当努力共同解决，未解决的问题应记录在审核报告中。

与法律法规要求或其他要求相关的审核准则的符合或不符合，有时被称为合规或不合规。

（八）确定审核结论

1. 准备末次会议

审核组成员在举行末次会议之前应进行充分讨论，主要作用是：

（1）依据本次审核的目标，对成文信息的评审、高校知识产权管理体系现场审核活动中形成的所有审核发现，以及审核期间收集的其他适当信息，进行汇总、分析、归纳和总结，并以此为基础得出审核结论。

（2）考虑审核过程中使用的不同抽样方法，以及审核组成员的审核经验等造成的审核固有的不确定性，审核组成员之间应当通过充分的讨论对审核结论达成一致。

（3）如果审核计划中有规定，审核组要针对在高校知识产权管理体系审核过程中发现的问题准备建设性建议，但审核组不能提供咨询方面的建议，只能指出潜在的改进机会，如高校知识产权管理体系改进方面的建议等。

（4）适用时，审核组之间要讨论审核的后续活动，包括针对不符合项纠正措施的验证方式等。

2. 审核结论内容

审核结论主要陈述的内容：

（1）高校知识产权管理体系与审核准则的符合程度，及其运行的稳健程度，包括知识产权管理体系在达到预期结果方面的有效性、风险的识别及高校为应对风险而采取的行动的有效性。

（2）高校知识产权管理体系的有效实施、保持和改进。

（3）审核目标的实现情况、审核范围的覆盖情况和审核准则的履行情况。

（4）为识别知识产权管理体系运行趋势，在已审核的不同区域中获得的或以往审核中的类似审核发现。

如果审核计划中有规定，审核结论可提出改进的建议或今后审核活动的建议。

（九）举行末次会议

应当按照审核计划的安排召开末次会议，以便提出审核发现和审核结论。

末次会议应由审核组长主持，参加人员包括高校高层管理人员、各校属学院（系）和直属机构的代表、审核组其他成员、向导和观察员等其他相关方人员。

适用时，审核组长需要告知高校在审核过程中遇到的可能降低审核结论可信程度的情况。如果高校知识产权管理体系有规定或与认证机构达成协议，末次会议参与者应对审核过程中形成的审核发现而制订的后期行动计划的时间框架达成一致意见。

会议的详细程度应考虑知识产权管理体系实现高校目标的有效性，包括知识产权管理体系实施过程中的风险和机遇。

末次会议中，还应考虑高校参会人员对审核过程的熟悉程度，以确保向参会人员提供正确的详细程度的文件。末次会议应以正式的方式举行并保留会议记录，参会人员需在《末次会议签到表》签到。

末次会议必要时应向高校说明下列内容：

（1）告知在知识产权管理体系审核过程中所收集的审核证据是基于抽样的方式获得的信息样本，不一定能够充分代表高校知识产权管理体系运行过程的总体有效性。

（2）报告的方法。

（3）如何根据审核组和高校商定的过程应对审核发现。

（4）高校未充分应对审核发现的可能后果。

（5）以高校管理层理解和认同的方式提出审核发现和审核结论。

（6）与审核有关的任何后续活动，包括但不限于纠正措施的实施和评审、审核投诉的处理、申诉的过程等。

末次会议应讨论审核组与高校在审核发现或审核结论中的分歧，并尽力共同解决。如果不能解决上述分歧,应予以记录,并及时反馈给认证机构。

如果和高校有约定或审核目标有规定,审核组可以对在审核过程中发现的知识产权管理体系运行出现的问题提出改进机会的建议,但需要强调该建议对高校没有约束性。

四、审核报告的编制和分发

(一)审核报告的编制

审核组长应根据认证机构审核方案程序的要求,报告高校知识产权管理体系的审核结果。审核报告应有完整、准确、简明和清晰的审核记录做支撑,必须包含的内容:

(1)审核目标。

(2)审核范围,特别是明确高校和职能或过程。

(3)明确认证机构。

(4)明确审核组和高校在审核中的参与者。

(5)进行审核活动的日期和地点。

(6)审核准则。

(7)审核发现和相关证据。

(8)审核结论。

(9)对审核准则遵循程度的陈述。

(10)审核组与高校之间未解决的分歧意见。

(11)审核本质上是一种抽样活动,因此存在被查验的审核证据不具代表性的风险。

适当时,审核报告还可以包括或引用以下内容:

(1)包括日程安排的审核计划。

(2)审核过程综述,包括遇到可能降低审核结论可靠性的障碍。

(3)确认在审核范围内,已按审核计划达到审核目标。

(4)审核范围内未覆盖的区域,包括任何证据可获得性、资源或保密问题，并附有相关解释理由。

（5）审核结论综述及支持审核结论的主要审核发现。

（6）识别的良好实践。

（7）商定的后续行动计划（如果存在）。

（8）关于内容保密性质的陈述。

（9）对审核方案或后续审核的影响。

（二）审核报告的分发

审核报告应在商定的时间期限内提交。如果不能按商定的时间期限提交，应向高校和审核方案管理人员告知原因，并重新协商审核报告提交时间。审核报告应按照审核方案相关程序文件的规定进行适当的评审、批准并加注日期。

审核报告应按照审核方案或审核计划的规定分发至相关方，在分发审核报告时，应考虑采取适当的保密措施。

五、审核的完成

判断知识产权管理体系审核结束的条件主要包括审核活动是否已经策划执行，并按审核策划完成审核任务；是否出现与高校约定的情形（如出现了妨碍完成审核计划的非预期情形），经与认证机构和高校沟通达成一致意见后，审核宣告结束。

审核的相关成文信息，包括高校提交的知识产权管理体系文件、资质文件、审核过程中收集的相关证据材料、审核计划、审核检查表及记录、审核报告、不符合报告及纠正措施材料等，应按照与高校签署的协议，按照认证机构规定的保存方式、地点、周期进行保存或处置，达到保存期限应予以销毁。

除法律法规要求之外，审核组和审核方案管理人员若没有得到认证机构和高校（适当时）的明确批准和授权，不得向任何其他方泄露知识产权管理体系审核中获取的审核信息或审核报告的内容。若出于监管方等法律法规规定的要求，必须披露审核信息或审核报告的内容，应尽快通知认证机构和高校。

审核方案管理人员和高校可从知识产权管理体系审核中获得的经验教训，进行识别风险和机遇，以便后期更好地策划审核方案和运行高校知识产权管理体系。

六、审核后续活动的实施

根据审核目标，审核结果提出采取纠正及纠正措施或改进机会的需求。由高校在约定的期限内确定实施对不符合的纠正、纠正措施、原因分析、预防措施，并将纠正及纠正措施的实施情况告知审核组。

审核组长或指定审核组成员，对高校提交的纠正措施等整改材料的有效性进行验证，验证是后续审核活动的一部分，通过验证后认为纠正及预防措施得到有效实施后，提交给认证机构评审委员会或审核方案管理人员做出认证决定和颁发知识产权管理体系认证证书。结果应报告给审核方案管理人员，并报告给认证机构进行管理评审。

第四章 《高等学校知识产权管理规范》标准解读及案例

第一节 文件管理

一、文件类型

知识产权文件包括：

（1）知识产权组织管理相关文件。

（2）人力资源、财务资源、基础设施、信息资源管理过程中的知识产权文件。

（3）知识产权获取、运用、保护等文件。

（4）知识产权相关的记录文件、外来文件。

【理解要点】

知识产权管理体系的建设需要有一套系统的文件作为基础支撑，也是学校各部门实施知识产权工作的重要理论依据。知识产权文件主要包括《知识产权管理手册》《知识产权管理办法》《知识产权奖励办法》《科技成果转移转化管理办法》《信息资源管理办法》《科研项目管理办法》《保密工作管理规定》以及知识产权法律法规政策汇编等知识产权相关制度文件，人力、财务、信息、基础设施等各类资源管理过程中涉及的相关知识产权记录文件，该类文件可在根据本校学科设置、部门职能等实际情况基础上，结合专业贯标辅导机构的建议进行编制，以适应本校知识产权管理的实际情况。此外，知识产权文件还包括专利、商标、著作权等受理通知书、审查意见、授权证书以及行政决定、司法判决、律师函件等外来文件。上述各类文件可以是纸质文档，也可以是电子文档或音像资料，需要按文件类别、秘密级别等进行分类分级管理。

二、文件控制

知识产权文件是高校实施知识产权管理的依据，应确保：
（1）发布前经过审核和批准。
（2）文件内容表述明确、完整。
（3）保管方式和保管期限明确。
（4）按文件类别、秘密级别进行管理，易于识别、取用和阅读。
（5）对因特定目的需要保留的失效文件予以标记。

【理解要点】

知识产权文件作为学校贯彻知识产权标准规范的重要理论支撑，需要结合本校实际情况进行制定，且在发布前需要经过知识产权管理机构（如科研处）、学校知识产权管理委员会、校长等审核和批准，确保文件的准确性、合理性、适应性、保密性、可操作性。如学校的知识产权有关政策、专利导航报告、专利证书、专利转移转化合作协议等资料文件，需按类别、密级进行管理，明确保管方式、保管期限，合理保管，易于识别、取用和阅读，借阅时均需经过严格的程序批准。对因特定目的需要保留的失效文件进行标记，如加盖失效印章，并标明失效日期。

【案例分析】

高校院（系）较多，涉及的相关知识产权文件类型很多，学生、教师都有可能对相关文件进行借阅，制定严格的借阅程序十分必要，表4-1为某高校的文件借阅表。

表 4-1　某某大学文件借阅

序号	文件名称	文件编号	借阅人	借阅日期	批准人	归还人	归还日期

第二节　组织管理

一、校长

校长（或院长）是高校知识产权工作的第一责任人，承担以下职责：

（1）批准和发布高校知识产权目标。

（2）批准和发布知识产权政策、规划。

（3）审核或在其职责范围内决定知识产权重大事务。

（4）明确知识产权管理职责和权限，确保有效沟通。

（5）确保知识产权管理的保障条件和资源配备。

【理解要点】

我国普通高校实行的是党委领导下的校长负责制，校长是学校的法定代表人，全面负责教学、科研、行政管理工作。在高校知识产权管理体系建设中，校长对知识产权工作高度重视，是高校顺利贯彻知识产权管理规范的重要基础和保障。高校在知识产权管理体系建设中，需要制订学校的知识产权目标，制定和完善知识产权管理、转化、利益分配等制度，明确各职能部门的知识产权分工，配置人力、物力、财力、场地等保障条件，审核涉及知识产权案件诉讼、收益分配、资产处置、人事任免等重大事务，都需要得到校长的审核和批准。因此，在高校知识产权管理体系建设中，将校长单列为一个重要条款，明确校长的知识产权工作职责。当然，在体系实际运行过程中，许多高校都将管理手册的颁布、合同的签署、学校对审核过程中发现的条款不符合项的改正、学校对第三方认证机构的意见反馈等文件资料上的签字，都委托给主抓科研、知识产权工作的副校长，这也是第三方认证机构理解和允许的。

二、管理委员会

成立最高管理层参与的学校知识产权管理委员会，全面负责知识产权管理事务，承担以下职责：

（1）拟定与高校科学研究、社会服务、人才培养、文化传承创新相适应的知识产权长期、中期和短期目标。

（2）审核知识产权政策、规划，并监督执行情况。

（3）建立知识产权绩效评价体系，将知识产权作为高校绩效考评的评价指标之一。

（4）提出知识产权重大事务决策议案。

（5）审核知识产权重大资产处置方案。

（6）统筹协调知识产权管理事务。

【理解要点】

高校知识产权管理委员会，通常由高校相关机构和重点院系的负责人组成，如科研处、人事处、教务处、财务处、校地合作处、大学科技园、理工院系的专利产出大户等部门负责人，类似于高校的职称评审领导小组、校园安全领导小组、学科建设咨询委员会等组织，相当于高校知识产权工作的最高策划、议事、决策、表决机构，负责拟定与高校科学研究、社会服务、人才培养、文化传承创新相适应的知识产权目标，拟订知识产权绩效考核体系，提出知识产权重大事务决策议案，审核知识产权重大资产处置方案、统筹协调知识产权管理事务等，即有关学校知识产权重大事项由学校知识产权管理委员会集体讨论决定。学校知识产权管理委员会人员构成会随着人事变动而经常性变化。通常学校管理委员会下设一个常设执行机构，负责知识产权决策事务的日常运转、执行和考核等，多数高校把常设执行机构设在校科研处。

三、管理机构

建立知识产权管理机构，配备专职工作人员，并承担以下职责：

（1）拟订知识产权工作规划并组织实施。

（2）拟订知识产权政策文件并组织实施，包括知识产权质量控制，知识产权运用的策划与管理等。

（3）提出知识产权绩效评价体系的方案。

（4）建立专利导航工作机制，参与重大科研项目的知识产权布局。

（5）建立知识产权资产清单和知识产权资产评价及统计分析体系，提出知识产权重大资产处置方案。

（6）审查合同中的知识产权条款，防范知识产权风险。

（7）培养、指导和评价知识产权专员。

（8）负责知识产权日常管理，包括知识产权培训，知识产权信息备案，知识产权外部服务机构遴选、协调、评价工作等。

【理解要点】

管理机构如高校科研处，即学校知识产权管理委员会下设的常设执行机构，负责日常具体知识产权事务的实施、落实和考核，是整个高校知识产权管理体系的"发动机"。管理机构负责的日常知识产权工作具体而繁杂，有些职责和工作还处于高校管理的盲区，需要各自进行摸索，没有现成的途径和模式，因此这项工作非常具有挑战性和艰巨性。

管理机构需对教职员工专利申请前进行审核把关、日常台账动态登记、国家知识产权局的往来函件管理等。如果高校有知识产权管理软件，会减轻管理人员的工作量。提倡高校开发或者购买知名专利服务机构的专业管理检索软件，如智慧芽、SOOPAT、INCOPAT等，可大幅度减轻日常管理、统计、汇总的工作量，将学校的知识产权管理提升到较高的水平。如果熟练掌握某个专业领域的专利检索，也可以利用这些软件开展专利导航、专利布局等工作。当然，由于专利检索能力和专业领域制约的原因，大多数高校专利导航、专利布局工作，都是委托校外专业专利服务机构进行，个别高校会委托由校图书馆进行。

有些高校选择专利代理机构缺乏统一筛选和管理，理工类学院、项目组、发明人都需自行寻找委托专利代理机构，造成服务价格、后续服务水平、撰写质量、授权率等方面鱼龙混杂、良莠不齐。近年来，随着高校和服务机构接触的增多，高校对专利代理行业了解加深，代理市场大浪淘沙，高校选择服务机构开始理性和规范。尤其是国家知识产权局近年来持续开展"蓝天行动"专项行动，对专利代理行业违法违规行为开展集中整治，加强对代理行业的监管，不少高校管理机构开始规范和重视外部专利代理机构的遴选行为，价格低不再是服务机构入围的重要因素。一些高校通过公开招标形式，挑选信誉好、业务精、服务能力全而强的外部专利代理机构，进行长期固定合作，将服务能力低、信用较差的机构拒之门外。

管理机构审查合同中的知识产权条款，防范知识产权风险。要求管理机构负责知识产权管理的人员，不仅要熟知科技成果转化、知识产权最新政策，熟悉《科技技术进步法》《民法典》《专利法》《商标法》《著作权法》等相关法律法规，还要掌握基本的科技成果登记管理、专利许可转让备案等实务。

【案例分析】

案例1：2021年6月16日，辽东学院科研处发布《关于专利申请有关情况的通报及处理意见》称，以辽东学院名义提交的139件专利申请被国家知识产权局认定为非正常申请而被要求撤回，其中申报前未按照该校要求报科研处审批的有4件，审批未通过的有3件。其中提到，从即日起我校任何人不得以"辽东学院"的名义委托此次涉及的北京、济南、深圳、杭州等地17家代理机构进行专利申请，不得以隐瞒、欺骗的手段应对审批，一经发现，将以违反学术道德和学术诚信严肃处理。此次该校被要求撤回的139件专利申请主要涉及两个问题：一是提交的专利申请存在技术方案以复杂结构实现简单功能、采用常规或简单特征进行组合或堆叠等明显不符合技术改进常理的行为。二是提交与其研发能力明显不符的专利申请。

为此，辽东学院要求各有关部门：1.凡该校专业技术人员以"辽东学院"名义申报专利的，必须严格按照学校有关规定履行申报前审批程序，若未经审批或审批未通过仍擅自申请的，将视情节给予2～3年取消申报资格的处理；2.学校鼓励发明人利用学校专利电子申请客户端自行申请专利；3.学校对未履行审批程序的授权专利，在科研成果备案时将不予认定。

案例2：2021年年底，中国政府采购网发布了《关于浙江海洋大学知识产权代理机构选择（2022～2024）的公开招标公告》，预计三年采购总金额为870万元。最终，浙江、北京等5家机构中标。服务范围为包括但不限于负责采购人专利申请文件的撰写、答复审查意见、知识产权咨询和培训、专利申请前评估、专利挖掘和分析、赋权评估和相关手续办理、快速预审、优先审查、专利实施许可合同备案、专利权转让等相关事务以及各种文件的传递、各种费用的催缴、知识产权贯标等工作。

四、服务支撑机构

建立知识产权服务支撑机构，可设在图书馆等高校负责信息服务的部门，或聘请外部服务机构，承担以下职责：

（1）受知识产权管理机构委托，提供知识产权管理工作的服务支撑。

（2）为知识产权重大事务、重大决策提供服务支撑。

（3）开展重大科研项目专利导航工作，依需为科研项目提供知识产权服务支持。

（4）受知识产权管理机构委托，建设、维护知识产权信息管理平台，承担知识产权信息利用培训和推广工作。

（5）承担知识产权信息及其他数据文献情报收集、整理、分析工作。

【理解要点】

就国内高校现状而言，高校知识产权工作由于专利检索、专利代理实务人才的缺乏等原因，基本上无法离开外聘知识产权服务支撑机构，尤其是在开展重大科研项目专利导航、专利分析、专利布局方面，需要外部服务机构的专业支撑。但外部服务机构都是商业性质的，基本很少能长期为高校重点项目配备专业技术人员，并随时随地和项目组技术人员一起进行立项、研发、试验、小试、中试、产业化等全流程管理，多数都是在项目基本完成、申请专利时才介入服务。此外，随时随地地邀请外部服务机构提供或者参与专利文献、数据信息的收集、整理和分析，其工作量、介入的程度、服务能力的大小，使得双方对服务费用也难以达成科学的数额。因此，人才济济的高校图书馆就自然承担起高校知识产权信息及其他数据文献情报收集、整理、分析等工作。

目前全国仅有部分高校图书馆具备专利信息分析检索能力，一些知名高校图书馆还具备科技部、教育部认可的科技查新报告出具资格。为落实中央办公厅、国务院办公厅《关于强化知识产权保护的意见》，落实国家知识产权局《关于新形势下加快建设知识产权信息公共服务体系的若干意见》及教育部、国家知识产权局、科技部《关于提升高等学校专利质量 促进转化运用的若干意见》的工作部署，从2018年开始，国家知识产权局、教育部联合开展了三批高校国家知识产权信息服务中心遴选工作，先后共有80所高校图书馆入选。建设高校国家知识产权信息服务中心，旨在完善知识产权信息公共服务网络，增强高校在知识产权创造、运用、保护、管理和服务全链条的信息公共服务能力，促进高校协调创新和科技成果转移转化。

在服务支撑机构承担的职责中，还有一项非常重要但难度和工作量都较大的工作，即为学校承担的重大科研项目开展专利导航工作，通过对国内外该技术领域开展专利分析，对国内外本技术领域总体专利态势、申请人、所处地域、技术、法律及运营、专利价值等要素进行分析，确定与本校研究的技术最接近的竞争对手的重点专利，并对其专利布局方向、关键技术、技术路径等进行分析，以图标等形式进行直观地呈现，对本校正在或将要开展的研发项目提出专利布局建议，以规避现有专利技术的壁垒。还要"跑马圈地"，科学规划出自己需要保护的权利要求范围，为整个科研项目提供知识产权服务支持。当然，这项工作技术含量较高、专业性要求强，如果本校图书馆难以承担，可以委托给校外专利服务机构。

【案例分析】

案例1：2021年8月，东北大学入选第三批高校国家知识产权信息服务中心，为辽沈地区首家入选高校。东北大学知识产权信息服务中心于2018年9月3日成立，挂靠在校图书馆。该中心成立后，围绕学校"双一流"学科建设，立足学校，面向社会，积极开展知识产权信息服务。该中心依托图书馆，扎实做好知识产权信息素养培训、知识产权信息咨询、专利检索、专利查新、专利竞争力分析等工作，面向学者及重大科研项目团队开展专利分析、专利导航分析，为学校科技成果申报、立项、鉴定、高价值专利培育等提供信息情报支撑，支持学校学科建设和科研创新及知识产权转移转化。

他们的申报工作得到了学校领导以及产业技术研究院、科学技术研究院、食品学院、法学院等单位的大力支持。该中心将协同学院、学校职能部门建立"知识产权创造-管理-信息服务"全链条协同服务架构、多层次定制化服务体系，将知识产权信息服务融合于学校学科建设、科技创新、科研成果转移转化和社会服务中，为学校协同创新、地方产业发展等提供强有力的知识产权信息服务支撑。

案例2：山东理工大学毕玉遂教授带领的研究团队历经14年，成功研制出无氯氟新型聚氨酯化学发泡剂，引起国内外高度关注。学校充分了解课题组的研究进展及知识产权保护需求，及时向有关部门报告情况，寻求专业指导。在知识产权部门的支持下，学校专门成立"微观专利导航工作组"，开展专利布局、撰写、申请等工作。

学校成立专利分析、撰写团队，团队成员均具有比较深厚的有机化学理论基础，在专家指导下对核心专利进行全面分析，将无氯氟聚氨酯化学发泡剂的反应原理同有机化学理论充分结合，尽可能扩展技术保护范围。同时，对下游产业链的应用方面也进行了专利布局，对未来可能衍生出的新领域和新技术进行保护。目前，共申请中国发明专利 40 余件，2 件核心专利已获得授权；申报 PCT 专利 3 件，覆盖欧、美、日等主要发达国家，已陆续获得多国授权。2017 年，学校与淄博补天新材料技术有限公司就该成果签订了专利独占许可协议，合同金额高达 5.2 亿元，创下国内高校专利许可使用费的最高纪录。❶

五、学院（系）

各校属学院（系）、直属机构应配备知识产权管理人员，协助院系、科研机构❷负责人承担本部门以下职责：

（1）知识产权计划拟订和组织实施。

（2）知识产权日常管理，包括统计知识产权信息并报送知识产权管理机构备案等。

【理解要点】

各校属学院（系）、直属机构为高校的核心部分，占有举足轻重的地位，一般都设有独立的管理部门，日常运行过程中更有大量的知识产权工作需要由专人进行管理，如在各院（系）设立 2~4 名知识产权专员，负责知识产权计划的拟订、实施，及时对科研项目产生的专利进行申请，对有关作品进行著作权登记等。结合日常工作，统计知识产权信息，及时上报至学校知识产权管理部门，配合知识产权工作顺利开展。

---

❶ 沈春蕾.高校专利如何发挥价值［N］.中国科学报，2020-09-11.

❷ 科研机构包括重点实验室、工程中心、工程实验室以及校设研究中心等。

【案例分析】

商丘师范学院根据学院、部门设置情况进行了年度目标分解，每个学院也单独制定了目标，如表 4-2 所示。

表 4-2　商丘师范学院分解目标

类别	目标		
整体目标			
分解目标	责任部门	协作部门	目标
	知识产权管理运营中心	所有部门	
	人文学院（应天书院）	知识产权管理运营中心	
	传媒学院	知识产权管理运营中心	
	法学院	知识产权管理运营中心	
	经济管理学院	知识产权管理运营中心	
	外语学院	知识产权管理运营中心	
	体育学院	知识产权管理运营中心	
	音乐学院	知识产权管理运营中心	
	美术学院	知识产权管理运营中心	
	软件学院	知识产权管理运营中心	
	艺术设计学院	知识产权管理运营中心	
	教师教育学院	知识产权管理运营中心	
	继续教育学院	知识产权管理运营中心	
	马克思主义学院	知识产权管理运营中心	
	国际教育学院	知识产权管理运营中心	
	创新创业学院	知识产权管理运营中心	
	数学与统计学院	知识产权管理运营中心	
	电子电气工程学院	知识产权管理运营中心	
	化学化工学院	知识产权管理运营中心	
	生物与食品学院	知识产权管理运营中心	
	测绘与规划学院	知识产权管理运营中心	
	建筑工程学院	知识产权管理运营中心	
	信息技术学院	知识产权管理运营中心	

续表

类别		目标	
分解目标	知识产权服务支撑机构	知识产权管理运营中心	
	科研处（科研平台、项目组）	知识产权管理运营中心	
	人事处	知识产权管理运营中心	
	财务处	知识产权管理运营中心	
	河南省高校科研仪器设备共享与检测服务中心	知识产权管理运营中心	

1. 项目组

项目组长负责所承担科研项目的知识产权管理，包括：

（1）根据科研项目要求，确定知识产权管理目标并组织实施。

（2）管理科研项目知识产权信息。

（3）定期报告科研项目的知识产权工作情况。

（4）组织项目组人员参加知识产权培训。

【理解要点】

高校科研项目组组长主要负责项目的科研项目管理和科研成果管理及转化、对外工作联系、科研材料申报等工作。同时组织内部的学术讨论和交流、科研成果的统计汇总和整理工作。

在高校知识产权管理体系建设中，科研项目的知识产权管理工作主要由项目组长承担，包括根据项目内容制定合理的知识产权管理目标，在项目的实施过程中及时进行检查和监督，督促项目的开题、中期检查和结题管理，组织科研人员实施相应的内容并完成目标。在科研项目的开展过程中，项目组长负责做好科研材料及成果的收集、初步汇总，将科研项目中产生的知识产权信息归类保护，形成相应的知识产权和记录文件。定期总结科研项目的知识产权工作情况并报告，适时调整知识产权目标和实施进程，确保科研项目的知识产权目标能够实现。确定知识产权培训的频率、开展形式、参加人员等，确保项目组人员了解相关知识产权信息，更好地完成工作任务。

【案例解析】

表4-3为某大学项目人员培训记录表。

表4-3　某大学项目组人员培训记录表

培训时间		培训地点		培训教师	
培训主题				培训方式	
参与层次					
参加培训人员签到：					
培训内容摘要：					
考核情况：					

2. 知识产权专员

重大科研项目应配备知识产权专员，负责如下工作：

（1）科研项目专利导航工作。

（2）协助项目组长开展知识产权管理工作。

【理解要点】

专利导航是近年来知识产权领域被频频提及的高频热词，它是以专利信息资源利用和专利分析为基础，把专利运用嵌入产业技术创新、产品创新、组织创新和商业模式创新之中，是引导和支撑产业科学发展的一项探索性工作。专利导航的主要目的是探索建立专利信息分析与产业运行决策深度融合、专利创造与产业创新能力高度匹配、专利布局对产业竞争地位保障有力、专利价值实现对产业运行效益有效支撑的工作机制，推动产业的专利协同运用，培育形成专利导航产业发展新模式。

高校重大科研项目确定后需配备知识产权专员。知识产权专员负责协助项目组长进行科研项目的立项、执行、结题验收等过程中的知识产权管理工作，高校知识产权专员需要了解《专利法》《高等学校知识产权管理规范》等知识产权法律法规及知识产权申报要求和流程，有良好的技术分析和归纳总结能力；负责管理及运用专利信息，能够熟练地检索国内外专利及相关技术文献，为科研项目的研发提供技术情报信息；协助研发人员进行专利检索和分析，负责专利风险分析和竞争对手分析，关注竞争对手动态，为项目研发及时提供技术情报。

【案例解析】

随着高校拥有的科技成果与日俱增，提高科技成果转化率成为实现高校科技创新能力的主要手段。2020年9月至2021年1月，武汉科技大学知识产权信息服务中心利用关键词查询了全球100多个国家的专利信息，多维度地研判相关专利的现状、价值和趋势，历时4个月为武汉科技大学材冶学院的李光强教授正在研究的一项国家自然科学基金项目制作《专利导航分析报告》。报告以文字和图表的形式，呈现相关的全球专利信息，从专利申请及生命周期趋势分析、专利地域分布、专利人的技术领域分析、重点专利分析等十多个方面，详细分析了该研究领域的专利现状和应用前景，为该研究项目提供了全球化的信息和引导性的服务，引导科研工作更有针对性，提高成果转化率。❶

---

❶ 张锐.武汉科技大学：专利导航为科研"把脉"[N].光明日报，2021-01-16.

六、知识产权顾问

根据知识产权管理需要，可聘请有关专家为学校知识产权顾问，为知识产权重大事务提供决策咨询意见。

【理解要点】

知识产权顾问主要为学校知识产权的创造、运用、保护和管理提供全面的信息服务，以专利申请、成果转化、专利战略驱动学校的创新与创业，支撑学校协同创新和优势学科建设，提升学校的创新能力，促进科技成果转化，为重大科研项目提供知识产权信息服务，为科技成果转化、专利运营等活动提供信息情报支持。

根据高校实际需要，可聘请知识产权顾问协助学校进行知识产权制度建设、科研开发、技术分析、知识产权保护等工作，帮助学校科研计划和技术攻关中智力成果的转化，解决高校运营过程中的知识产权问题，提高高校知识产权相关实际操作能力。在遇到知识产权纠纷时，能帮助高校寻找最佳的知识产权保护和处理方法，提高高校的知识产权风险防控与保护能力。

第三节 资源管理

一、人力资源

（一）人事合同明确知识产权内容

人事合同中应明确知识产权内容，包括：

（1）在劳动合同、聘用合同、劳务合同等各类合同中约定知识产权权属、奖励报酬、保密义务等；明确发明创造人员享有的权利和承担的义务，保障发明创造人员的署名权；明确教职员工造成知识产权损失的责任。

（2）对新入职教职员工进行适当的知识产权背景调查，形成记录；对于与知识产权关系密切的岗位，应要求新入职教职员工签署知识产权声明文件。

（3）对离职、退休的教职员工进行知识产权事项提醒，明确有关职务发明的权利和义务；涉及核心知识产权的教职员工离职、退休时，应签署知识产权协议，进一步明确约定知识产权归属和保密责任。

【理解要点】

目前，高校在劳动合同、聘用合同、劳务合同等各类合同中都约定了工作岗位、薪资待遇、科研任务业绩要求等内容，但合同中大多没有确定知识产权权属、保密义务、教职员工造成知识产权损失的责任等内容，为之后知识产权是否属于职务作品、职务发明等权属纠纷埋下了隐患，近年来由此造成学校与教职员工争夺专利权的案件时有发生。高校容易忽视的问题还有教职员工离职、退休后，学校知识产权管理机构要对他们进行知识产权事项提醒，明确有关职务发明的权利和义务；涉及核心知识产权的教职员工离职、退休时，应签署知识产权协议，进一步明确约定知识产权归属和保密责任。有些高校规定教职员工在离职、退休一年内作出的与本专业有关的发明创造，其专利权仍属于学校，以确保学校国有资产、无形资产不流失、不泄密，确保学校的知识产权经济收益。

关于奖励报酬、发明创造人员享有的权利和承担的义务、保障发明创造人员的署名权等具体事项，高校在实际操作中会出示有关科研成果转化、奖励报酬等方面的制度文件，其中基本都会有更详细的规定。

【案例分析】

案例1：2001年12月，华东理工大学中标国家科学技术部（863计划）课题，约定研发"可资源化烟气脱硫技术"，经费500万元，该校教师肖某德既是华东理工大学的投标代理人，又在中标后作为课题组组长，是该课题研究的实际主持人。2003—2004年，华东理工大学先后申请并获得了"多功能脱硫塔"和"烟气中二氧化硫的脱出和回收方法及装置"两项发明专利授权，专利权人是华东理工大学，设计人为肖某德。肖某德认为自己也应该是华东理工大学共同专利权人，因此向法院提起专利权权属诉讼。

2006年，上海市第一中级人民法院审理该专利权权属纠纷一案。法院根据肖某德与华东理工大学签署的《工作聘用合同书》中约定"乙方在聘任期间，为完成甲方交给的工作任务或者利用甲方资源、条件所完成的研究成果均属职务成果，所有权、持有权和使用权归甲方，甲方应对乙方的贡献予以奖励"，认定这两项专利属于职务发明创造，专利权归华东理工大学所有，驳回肖某德的诉讼主张。

案例2：新入职的教职员工要进行知识产权背景调查。现在高校聘用教师的来源比较宽泛，有毕业的硕士博士、海外归来的技术精英、企业高级研发人员和外校调入的专家教授等。他们都在不同程度主持、参与过各类研发项目，手中也可能掌握一些核心技术、技术秘密、经营信息、技术诀窍、客户名单、关键数据等，很多教师还与原雇主签订保密协议、竞业禁止协议等。高校可能恰恰就是因为这些人才在该技术领域的能力和声誉，才愿意引进和聘任，但如果他们在高校透露或者使用了原雇主被列为商业秘密的内容，可能会给原雇主带来经济损失，那么新受益的高校也可能被列为被告，承担连带经济责任。因此，对新入职教职员工进行知识产权背景调查，签署不使用和侵犯原雇主商业秘密承诺书，对新入职教职员工也是一种提醒。高校也不希望离任的教职员工向新雇主泄露本校的商业秘密。这样逐渐在全社会范围内形成一种尊重知识、崇尚创新、尊重他人知识产权的社会氛围。一旦出现新入职教职员工因为泄露原雇主的商业秘密，在法庭上出示背景调查相关资料，显示高校已经做了相关的尽职调查并且履行了防范和提醒的义务，法院可酌情减轻学校的责任或判决责任全部由新入职教职员工承担。某大学的入职教职员工知识产权背景调查表如表4-4所示。

表 4–4　入职教职工知识产权背景调查

本校保留必要时向教职工进一步获取更多信息的权利。本校教职工有义务配合本次调查并保证以下资料的真实性。

姓　名		性　别	□男　□女
入职部门		岗位职责	
您是否允许我们在您入职本校之前向前工作单位核查您所提供的知识产权信息？ □是　□否 如果否，请说明原因：			
个人知识产权拥有量（专利、商标、著作权）			
之前工作中涉及的知识产权情况介绍			

进入本校前最后一个工作单位的详细信息，请填写所有完整信息并提供准确完整的名称、地址及电话号码。

工作单位：		性　质	
单位地址：			
就职起始时间			自　年　月　日至　年　月　日
人事部：			
人事部联系人：			
职　位		电　话	
曾就职部门：			
直接主管		部　门	
职　位		电　话	
离职原因：			
调查结论：			
调查人：		日　期：	

案例 3：河南某大学在 2017 年印发的《河南某大学自然科学科技成果转移转化管理办法》中，对教职员工造成知识产权损失的责任进行了明确：

第二十一条　学校师生员工，未经学校允许，不得泄露学校的技术秘密，不得擅自转让职务科技成果以及利用或变相利用职务成果创办科技型公司；有关人员在离职、离休、退休后约定的期限内不得从事与学校相同的科技成果转化活动。

第二十二条　学校将严肃查处科技成果转化活动中各类违规、违纪和违法行为。情节较轻的，给予通报批评、责令整改，并收缴违法所得；给学校造成名誉损害的，学校将依据有关规定给予相应的处分；给学校造成经济损失的，依法承担民事赔偿责任；构成犯罪的，依法移送司法机关追究刑事责任。

（二）知识产权培训

组织开展知识产权培训，包括以下内容：

（1）制订知识产权培训计划。

（2）组织对知识产权管理人员，知识产权服务支撑机构人员、知识产权专员等进行培训。

（3）对承担重大科研项目的科研人员进行知识产权培训。

（4）组织对教职员工进行知识产权培训。

【理解要点】

高校开展知识产权培训应先制订合理的知识产权培训计划，包括参与层次、培训内容、培训时间、负责部门等内容，根据培训计划，对人员分层次培训。

知识产权管理人员、知识产权服务支撑机构人员、知识产权专员作为与知识产权管理接触最密切的人员，需要熟悉知识产权流程管理，培训内容应以掌握知识产权相关法律知识和实务技能，熟悉知识产权申请、保护和转化的全过程及科技成果的利用和转化等为主，便于在日常管理工作中对知识产权工作统筹把握。

科学技术部、国家发展和改革委员会、财政部、国家知识产权局发布的

《国家科技重大专项知识产权管理暂行规定》和科学技术部发布的《关于加强国家科技计划知识产权管理工作的规定》中，明确了承担相关项目要在项目各环节进行科学的知识产权管理的要求，因此承担重大科研项目的科研人员培训应包括科研项目的知识产权管理、记录、运行等内容，为高校高价值科技成果保驾护航。

高校原创性学术论文产量大、技术型科技比赛类型多，是科技创新的重要基地，建立知识产权管理体系可以有效维护高校技术的领先性，保证高校技术的独特性。教职员工作为知识产权最大产出者之一，培训应当全面、广泛，例如包括知识产权概念、基本特征等方面。涉及学生的知识产权培训，在《高等学校知识产权管理规范》标准条款 6.1.4 "学生管理"有详细解读，不再赘述。

【案例分析】

某大学关于知识产权培训工作计划表和培训实施情况记录如表 4-5 和表 4-6 所示。

表 4-5　知识产权培训工作计划

序号	参与层次	培训内容	时间	负责部门

表 4-6　知识产权培训实施情况记录

培训时间		培训地点		培训教师	
培训主题				培训方式	
参与层次					
参加培训人员签到：					
培训内容摘要：					
考核情况：					

（三）激励与评价

建立激励与评价机制，包括：

（1）建立符合知识产权工作特点的职称评定、岗位管理、考核评价制度，将知识产权工作状况作为对相关院系、科研机构及教职员工进行评价、科研资金支持的重要内容和依据之一。

（2）建立职务发明奖励报酬制度，依法对发明人给予奖励和报酬，对为知识产权运用做出重要贡献的人员给予奖励。

【理解要点】

高校在开展知识产权工作过程中，应建立激励与评价机制。根据知识产权的工作特点、发展需求，把知识产权授权、转让、许可、成果转化、投资入股等成果加入职称评定、岗位管理、考核评价，制定明确奖励的标准和程序，鼓励教职工发明创造。

建立职务发明奖励报酬制度，鼓励教职工利用学校物质条件和资源进行发明创造。知识产权授权后，高校应当根据推广应用的范围和取得的经济效益向职务发明人支付奖励和报酬。奖励和报酬可以是货币形式，也可以是职位、工资、带薪休假等形式，具体金额可以按照研发领域的平均发明价值或按照取得经济效益的程度确定。

【案例分析】

湖北省印发《湖北省自主创新促进条例》和《湖北省高校院所知识产权推进工程管理暂行办法》，鼓励并支持高校院所开展职务科技成果混合所有制改革。支持高校院所与职务发明人（含发明人团队）之间通过共同申请知识产权的方式，对新产生的职务科技成果进行分割确权。高校院所与职务发明人就职务科技成果知识产权的归属和申请知识产权的权利签订协议，可按不低于 3:7 的比例共享知识产权。

2015 年，武汉地区高校开展职务科技成果"三权"（所有权、处置权、收益权）改革，2017 年武汉工程大学陶瓷膜科研团队研发的一组（8 项）专利，作价 2128 万元，入股湖北迪洁膜科技有限公司。武汉工程大学按照《湖北省自主创新促进条例》《湖北省高校院所知识产权推进工程管理暂行办法》及《武汉工程大学科技成果奖励办法》，将专利评估所得收益 2128 万元的 90% 奖励给研发团队，另 10% 由学校武汉化院科技有限公司代持。❶

（四）学生管理

加强学生的知识产权管理，包括：
（1）组织学生进行知识产权培训，提升知识产权意识。
（2）学生进入项目组时，应对其进行知识产权提醒。
（3）学生因毕业等原因离开高校时，可签署知识产权协议或保密协议。
（4）根据需要面向学生开设知识产权课程。

---

❶ 宋效忠. 武汉工程大学陶瓷膜科研团队研发一组专利作价 2128 万元入股科技公司 [N]. 楚天都市报, 2017-01-21.

【理解要点】

高校肩负着面向社会培养各类人才的重任。学生，特别是硕士研究生、博士研究生直接参与学校的科研、课题、实验设备使用等工作，就业后紧密联系着学校和就业单位的相关知识产权和经济利益。因此，加强对学生有关的知识产权管理是高校知识产权贯标的重要组成部分。学校首先应定期对学生进行基本的知识产权知识和意识培训，如专利、商标、版权的基本概念，合理使用与侵权的界限，侵权需要承担的法律责任等，让知识产权的种子提前在学生阶段扎根，营造良好的知识产权校园氛围，提高学生的知识产权意识，使知识产权概念深入每个学生的心中。

在学生进入项目组、毕业离校等重点涉及知识产权的各个重要环节中，做好知识产权权属、利益分配、技术后续改进的知识产权归属、保密等工作，明确学生和学校双方的责任和权益。同时，学校应提出明确的知识产权人才培养方案，整合学校现有的法学等优势资源，建设高校知识产权师资队伍，开设知识产权专业课程，通过知识产权讲座、竞赛、远程教育、修学分等方式，调动学生学习知识产权知识的积极性，有条件的学校还可与当地知识产权管理部门共建知识产权学院，聘请校外知识产权律师、专利代理师、知识产权师等进行知识产权实务培训，培养更多高校知识产权复合型人才。

【案例分析】

商丘师范学院为加强学生知识产权培训，在校内开设知识产权课程，并申请设立了河南省知识产权远程教育平台——商丘师范学院分站。该平台远程教育课程的数量达到120余门，有网页多媒体、视频、动画以及模拟实操等多种形式，如图4-1所示。

图 4-1　河南省知识产权远程教育平台——商丘师范学院分站

同时，在学生参与项目研究前，进行知识产权事项提醒，签署相关保密协议，做好课题项目的保密工作。表 4-7 为该校的知识产权事项提醒表。

表 4-7　学生参与课题项目研究知识产权事项提醒

年　月　日

姓名		职责	
参与课题项目		提醒人	
有无签订保密协议：			
提醒事项： 一、乙方在参与项目研发期间，不得擅自使用任何属于他人的技术秘密或其他商业秘密，也不得侵犯他人知识产权，否则导致甲方遭受第三方的侵权指控时，乙方应当承担甲方为应诉而支付的一切费用；甲方因此而承担侵权赔偿责任的，有权向乙方追偿。 二、乙方在参与研究期间或项目结束后，不得直接或间接将其在项目期间掌握的课题一切相关内容透露给第三人。 三、乙方因研究需要所持有或保管的一切记录甲方秘密信息的文件、资料、图表、笔记、报告、信件、传真、U 盘、硬盘、磁盘以及其他任何形式的载体，均归甲方所有；乙方在离开项目组时应无条件返还甲方所有保密信息及其载体和复印件。 四、乙方在离开项目组后仍对其在参与甲方项目期间接触、知悉的属于甲方或者属于第三方但甲方承诺有保密义务的技术秘密和其他商业秘密保密，乙方应承担和参与项目期间一样的保密义务和不擅自使用有关秘密信息的义务。			
乙方签名		日期	

二、财务资源

设立经常性预算费用，可用于：
(1) 知识产权申请、注册、登记、维持。
(2) 知识产权检索、分析、评估、运营、诉讼。
(3) 知识产权管理机构运行。
(4) 知识产权管理信息化。
(5) 知识产权信息资源。
(6) 知识产权激励。
(7) 知识产权培训。
(8) 其他知识产权工作。

【理解要点】

高校应根据知识产权年度工作目标，结合上年度知识产权获取、维护、运营等方面的实际支出，编制知识产权年度预算费用，确保各项资金在计划、可控下运行。在知识产权管理体系运行的过程中，产生的费用主要有以下几类：一是知识产权申请过程中产生的费用，如知识产权申请、注册、登记等；二是知识产权日常管理所产生的费用，如管理机构运行、信息资源，知识产权年费、变更，知识产权检索、分析等；三是知识产权保护方面的费用，如诉讼、调查、赔偿、代理等；四是知识产权运营方面的费用，如知识产权评估、实施、许可、转让、投融资等；五是知识产权奖励，如知识产权激励制度等；六是知识产权培训的费用，主要用于日常对教职工、学生的知识产权培训；七是其他方面的费用，如知识产权风险金等。

【案例分析】

某大学的知识产权专项经费预算表如表4-8所示。

表 4-8 知识产权专项经费预算

申请单位	
实施周期	年　月至　　　年　月
项目名称	项目总金额：　　　　万元
项目具体情况	预算金额（万元）
专利申请	
专利年费	
软著申请费	
知识产权检索、分析、评估	
知识产权预警、保护	
知识产权培训	
知识产权创造激励	
知识产权成果转化激励	
知识产权管理体系运行	
合计	

三、资源保障

加强知识产权管理的资源保障，包括：

（1）建立知识产权管理信息化系统。

（2）根据需要配备软硬件设备、教室、办公场所相关资源，保障知识产权工作的运行。

【理解要点】

高校知识产权信息系统一般由信息资源、分析工具和人才团队构成，但目前多数高校仍采取的是人工 Excel 表格形式建立专利管理台账，面对上千件的专利缴费、许可转让、作价投资等越来越多的运营方式，管理起来就显得力不从心。此外，高校如果没有建立完善的知识产权管理信息系统，仅通过国家知识产权局免费专利数据库和网站查询的方式不能满足科研人员的知识产权信息搜集需求，难以保证文献的查全和查准，以及后期的专业分析图表、专利地图等的绘制和数据加工展示。高校在建立知识产权管理体系后，应首先落实知识产权管理系统的建设，可以自主开发，或者购买国内外知名机构开发的知识产权管理软件，将其作为高校开展知识产权工作的有力支撑。高校可加大经费投入，将该信息系统设立在本校图书馆或与专业辅导机构合作，建立专门的知识产权管理系统、专利检索数据库，将本校拥有的知识产权按照技术领域、申请类型、时间、数量等维度分类，由专人负责维护，定期更新数据库，便于本校师生在开展科研项目时检索和获取专利文献，更好地推动知识产权工作在本校的实施。

高校还需结合本校情况，建立软硬件设备清单、固定资产清单、设备维护清单等管理档案，为知识产权管理人员提供必要的办公场所、办公设备等，保障知识产权管理工作的顺利运行。

【案例分析】

商丘师范学院成立学院知识产权管理委员会，下设知识产权运营管理中心，将高校知识产权贯标工作依托于该中心具体实施，设立专用办公室及知识产权专员，整理办公室所需的软硬件设备清单，按需购买办公设备、网络、软件，分配给重点院系和项目组专利检索账号，为学校各学院（系）、各部门知识产权管理开展提供坚实的基础条件。

四、基础设施

加强基础设施的知识产权管理，包括：

（1）采购实验设备、软件、用品、耗材时明确知识产权条款，处理实验用过的物品时进行相应的知识产权检查，避免侵犯知识产权。

（2）国家重大科研基础设施和大型科研仪器向社会开放时，应保护用户身份信息及在使用过程中形成的知识产权和科学数据，要求用户在发表著作、论文等成果时标注利用科研设施仪器的情况。

（3）明确可能造成泄密的设备，规定使用目的、人员和方式；明确涉密区域，规定参访人员的活动范围等。

【理解要点】

高校开展科研项目较多，购买实验设备、软件、用品等物品也较为频繁，应由专人负责该部分产品的采购工作，其采购合同订立前要由负责知识产权工作的管理部门进行严格审核，约定知识产权权属、保密、侵权责任承担等条款，使用过程中发现有涉及知识产权的部分应及时通过查证确认是否侵犯他人知识产权，在物品从采购到使用的全过程都进行系统的知识产权管理，避免侵犯他人知识产权。

同时，涉及国家重大科研基础设施和大型科研仪器向社会开放时，应遵循《国家重大科研基础设施和大型科研仪器开放共享管理办法》的相关规定，建立知识产权管理工作机制，保护科研设施与仪器用户身份信息及在使用过程中形成的知识产权和科学数据，在发表著作、论文时要明确标注利用科研设施仪器的情况。

针对可能造成涉密的设备，高校应安排专人负责，对该类设备清单整理在册，制定严格的管理规定，使用设备前需进行详细登记，包括使用目的、人员、方式，并提交相关部门审批，审批通过后方可使用；明确相关涉密区域及密级，如实验室、档案室等规定可参访的范围，参访人员经相关负责部门批准后方可进入。

【案例分析】

案例1：某大学的科研仪器采购合同中，约定了知识产权权属内容。

某大学大型科研仪器共享管理平台项目购置合同

九、知识产权

1.供方保证需方在中国境内使用该设备或设备的任何一部分时，免受第三方提出侵犯其专利权、商标权或其他知识产权的起诉，如果发生此类纠纷由供方承担一切责任。

2. 供方提供的货物涉及的商标、专利等如侵犯第三方知识产权，供方承担侵权责任，与需方无关；如因供方提供货物引发争议或违法导致需方受损的，供方应作出赔偿。

3. 供方应保证提供货物的商标、专利等知识产权归供方所有的，对于非供方所有知识产权的货物，供方有义务提供给买方正规渠道证明。

4. 供方为执行本合同而提供的技术资料、软件的使用权归需方所有。

案例2：某大学的涉密设备、涉密区域清单如表4-9和表4-10所示。

表4-9 某大学涉密设备清单

序号	涉密设备名称	责任人	部门	使用目的	使用方式

表4-10 某大学涉密区域清单

序号	涉密区域	所属部门	密级	责任人	参访人员活动范围	备注

五、信息资源

加强信息资源的知识产权管理：

（1）建立信息收集渠道，及时获取知识产权信息。

（2）对知识产权信息进行分类筛选和分析加工，并加以有效利用。

（3）明确涉密信息，规定保密等级、期限和传递、保存、销毁的要求。

（4）建立信息披露的知识产权审查机制，避免出现侵犯知识产权情况或造成知识产权流失。

【理解要点】

高校在开展知识产权工作过程中，应建立信息资源控制程序，对本校的知识产权相关信息资源收集、分析、发布进行控制，确保信息的收集渠道、检索分析、发布符合学校保密性的要求。

一般高校应委派图书馆的人员负责高校信息资源的收集，根据科研和管理需求，及时获取内外部所属领域或其他高校的知识产权信息。收集信息的渠道以官方、权威性的网站或平台为主，如国家知识产权局专利检索数据库、工信部专业数据库、维普资源、万方资源数据库等。对收集到的信息并非全面地接收和利用，要针对科研或管理需求有目的、有计划地识别筛选和加工，将有用的信息形成文件，并传达给相关人员，利用数据和信息来确定并实现学校的知识产权方针和目标。

同时，高校还应明确涉密的信息，根据重要程度设立保密等级和期限，对其使用过程中的发布、传递、保存、销毁都应明确规定。对于向外发布的公共性文件或内容，应当建立信息披露的知识产权审查机制，审查内容包括发布信息是否侵犯他人知识产权、是否泄露学校商业秘密、是否涉及虚假宣传等内容，避免知识产权风险。

【案例分析】

东北师范大学科技查新工作站依托东北师范大学图书馆开展业务工作。从20世纪80年代开始，东北师范大学科技查新工作站就开始利用国内外检索工具、网络数据库、DIALOG及STN国际联机检索系统以及丰富的馆藏资源，为用户提供文献信息的检索利用与科技查新服务，确保信息有丰富的收集渠道。查新站配备和培养了一支学科专业齐全的、基础知识扎实、知识面宽广，有较高外语水平和综合分析能力的专业服务人员。现有服务人员27人，审核人员11人，其中获博士学位9人、硕士学位24人，获教育部科技查新资格证书27人、审核资格培训证书11人，一人获得专利代理师资格证书，多人获Dialog国际联机检索培训证书及知识产权服务培训合格证书，可以有效地进行信息分类筛选和加工。有严格的审核制度、完备的保密措施、高效的工作效率，同时接受由东北师范大学各院系专家、教授组成的科技查新咨询委员会的指导，为省内外科研院所、企事业单位及本校提供优质的科技立项、成果鉴定与各级报奖、收录引证、信息咨询、知识产权咨询与分析等多种服务。这种强大、高素质的知识产权信息服务队伍支撑和推动了知识产权信息服务的快速发展。❶

第四节　知识产权获取

一、自然科学类科研项目

（一）选题

选题阶段的知识产权管理包括：
（1）建立信息收集渠道，获取拟研究选题的知识产权信息。
（2）对信息进行分类筛选和分析加工，把握技术发展趋势，确定研究方向和重点。

【理解要点】

高校无论是自然科学类还是人文社会科学类的科研项目，在进行选题时，都应通过知网、本技术领域网站、国家及地方有关部门网站等渠道，收集相应的论文、政策、新闻报道等信息，从中筛选出对项目有利用价值的资料进行进一步的分析加工。对自然科学类来说，进行项目选题时还要求通过国家知识产

---

❶ 东北师范大学科技查新工作站官网．[EB/OL]．[2022-09-20]．http://chaxin.library.nenu.edu.cn/.

权局或专业检索网站等渠道收集与项目关联度较高的专利文献,并对收集到的专利文献进行技术领域细分,对权利要求书、创新技术特征、发明要点、实施例等进行分析加工,从中得到技术启示、确定研发方向、技术突破口,找准项目的技术创新点和专利布局重点。

【案例分析】

对高校来说,需要提供相应的记录表单或者证据,证明已进行了上述工作。某大学的信息分析加工记录表单如表 4-11 所示。

表 4-11　某大学信息资源分析利用

课题名称：					
收集人		所属院系		收集时间	
收集信息内容	本领域最接近现有技术				
	国内外技术发展趋势				
本项目研究方向					
院系负责人签字：				日期：	

（二）立项

立项阶段的知识产权管理包括：

（1）进行专利信息、文献情报分析，确定研究技术路线，提高科研项目立项起点。

（2）识别科研项目知识产权需求，进行知识产权风险评估，确定知识产权目标。

（3）在签订科研项目合同时，明确知识产权归属、使用、处置、收益分配等条款。

（4）对项目组人员进行培训，必要时可与项目组人员签订知识产权协议，明确保密条款。

（5）重大科研项目应明确专人负责专利信息、文献情报分析工作。

【理解要点】

在选题阶段进行专利检索、文献情报收集后，并对其进行分析，可以更有针对性、更精确地进行项目立项。实践中，一些高校在选题立项前，委托服务机构或者图书馆开始进行专利导航，项目的技术背景、国内外竞争对手的专利布局、当前市场最新前沿技术、专利权人和业内活跃的发明人等信息一目了然，大量翔实的图标、数据等呈现出行业的竞争态势。利用导航分析的成果，可以规避竞争对手的专利陷阱，避免无谓的重复研究，可以高起点去申请国家、省自然科学基金、重大科技攻关等项目，很容易征服和打动评委，使得申报项目获得较高的评分。

明确研发项目后，高校项目组在签订科研项目合同时，要明确专利的权属归属、发明人的署名、后期转化的收益分配比例。收益可以是前期的专利许可使用入门费，后期项目进入产业化阶段，该专利技术可以作价入股，占企业原始投资股份或者技术分红股份。通常高校和企业进行产学研合作时，如果有专利权属约定，优先从其约定；如果没有约定，专利技术归对技术进步作出实际贡献的一方。项目的专利权人拥有该专利的处置权，如许可、转让、放弃；如果专利是高校和企业双方共同申请，需约定企业使用的条件，是无偿使用还是独家使用。

共有专利权人在使用和收益分配时,要明确以下法律规定:(1)共有专利权人的其中一个共有人,可以单独实施专利,所得收益归实施人所有;(2)专利权共有人可以不经其他共有人同意,普通许可他人实施专利,但收取的使用费应当在共有人之间平均分配;(3)如共有人独占许可、排他许可他人实施专利的,或者对外转让该专利的,需要共有人全体同意。

项目组应该对参与人员进行专利检索、专利侵权判定、保密意识等培训,必要时与全体参与人员签订知识产权协议,杜绝私自、擅自将项目组的技术研发成果提前申请专利、发表论文、泄密等情况发生。特别是博士研究生、硕士研究生参与的项目课题,更应该签订知识产权协议,强调保密事项。实践中有过博士生、研究生将化学配方私自泄露给企业,每年私下从企业获得上百万元酬金的先例。

承担国家、省重大科研项目的持续时间较长,项目周期少则1年,有的长达3年,且涉及资金金额较大。当今社会,前沿科技竞争激烈,瞬息万变。在研究期间可能出现本领域的国内外高校、研究所、企业竞争者发布最新研究成果或者专利公开实审信息。因此,项目组应该明确专人负责国内外本领域的竞争高校、院所和企业的科研、专利、文献情报等变化情况,一般至少每3个月进行一次专利跟踪检索,及时调整研发思路,得到技术启发,避免重复研究。

【案例分析】

案例1:湖南大学成立了科技成果转化中心(知识产权中心)和知识产权信息服务中心,购置高校专利管理云服务、Innograph、incoPat、ProQuest Dialog等专利检索与分析平台,提供专利预检索、专利分析、专利导航、专利交易和运营反馈等服务,为18个科研团队开展了专利导航分析,实施高价值专利挖掘与培育工程,引入外部知识产权专业服务机构,围绕优势行业领域和战略性新兴产业遴选重点项目或优势研发团队,布局基础专利、支撑性专利、延伸性专利、防御性专利,构建高价值专利组合,形成保护合力,确保权利稳定性，如围绕"新能源汽车关键技术研发"布局15件专利，并成功应用于湖南猎豹汽车股份有限公司有关车型上，预计每年可产生综合经济效益3200万元。❶

案例2：北京某大学一博士研究生毕业后，被某省高校聘任为讲师。为了评职称，他把在读博期间参与的一个国家级科研课题中的阶段性成果，私自申请了2件发明专利并顺利获得了授权。该博士生评上了副教授后，专利不再续费维持而失效。1年后导师在项目结项前要申请的几件发明专利都被国家知识产权局驳回，理由是缺乏新颖性，专利审查员下发的审查意见通知书里引用的专利对比文献，发明人就是自己的学生。导师愤而要起诉自己的学生，但由于没有签订知识产权归属、保密协议，提供不出相应的证据链资料，在咨询律师后，自觉胜诉无望，无效的专利也已经丧失恢复时效，最终不得不放弃起诉。

该案例得到的教训至少有三点：（1）项目组应该及时与参与人员签订知识产权协议，明确保密条款。（2）项目组应该设专人负责专利信息、文献情报分析工作。一旦有人申请的专利在进入实审公开阶段，会被及时发现，导师可以让其撤回申请，或提出权属争议，将专利申请权转让给项目组所在的高校。（3）该博士生将阶段性成果申请了专利，破坏了该重大科研项目的整体专利申请布局，严重影响了后期提交申请专利的新颖性，也影响了整个项目的验收，特别是专利因不缴年费而丧失权利，给国家和高校造成了难以弥补的损失，教训十分惨痛。

（三）实施

实施阶段的知识产权管理包括：

（1）跟踪科研项目研究领域的专利信息、文献情报，适时调整研究方向和技术路线。

（2）及时建立、保持和维护科研过程中的知识产权记录文件。

---

❶ 教育部科技司.关于印发首批高等学校科技成果转化和技术转移基地典型经验的通知［EB/OL］.（2020-04-16）［2022-09-20］.http://www.moe.gov.cn/s78/A16/tongzhi/202004/t20200417_444200.html.

（3）项目组成员在发布与本科研项目有关的信息之前，应经项目组负责人审查。

（4）使用其他单位管理的国家重大科研基础设施和大型科研仪器时，应约定保护身份信息以及在使用过程中形成的知识产权和科学数据等内容。

（5）及时评估研究成果，确定保护方式，适时形成知识产权；对于有重大市场前景的科研项目，应以运用为导向，做好专利布局、商业秘密保护等。

【理解要点】

研究开发是指各种研究机构、企业为获得科学技术（不包括人文、社会科学）新知识。

在项目立项前，应进行专利信息、文献情报分析，开展知识产权风险评估，缩短研发周期，降低研发成本，确定研究技术路线，提高研发起点。进行评估时，需要知识产权管理人员和研发人员相结合，同时对研发过程中的相关内容进行分析，这样不仅可以更加有效地规避风险，还能够更好地进行项目的专利布局。

当今科技发展日新月异，高校在项目实施过程中，需要紧跟全球同行的研究动态，收集与项目相关的专利信息，通过对竞争对手的专利布局进行评估和判断后，适时调整研发方向和技术路径。在研发过程中，及时建立、保持和管理研究开发记录文件，评估研究成果并形成阶段性的知识产权。

项目组成员发布与本项目有关的新闻、论文、朋友圈、微博以及参加专业论坛、研讨会等发言时，可能会造成项目技术信息的泄露。因此，在对外披露科研信息时，需要项目组负责人审查，确认无知识产权泄露风险后，方能对外发布。

项目进行过程中，若使用其他单位管理的国家重大科研基础设施和大型科研仪器时，应事先约定好保护身份信息，签署知识产权保密条款，确保在使用过程中形成的知识产权和科学数据等内容不造成泄密。同时，要明确使用过程中产生的科学数据、知识产权的权利归属，避免产生不必要的知识产权纠纷。

在研究过程中获得的研究成果要及时评估，明确形成知识产权的时间和保护形式。对于有重大市场前景的科研项目，要以转化应用为导向，做好专利布局、技术秘密保护等工作，形成项目成果知识产权清单，加强专利运用实施，促进成果转移转化。

（四）结题

结题阶段的知识产权管理包括：

（1）提交科研项目成果的知识产权清单，包括但不限于专利、文字作品、图形作品和模型作品、植物新品种、计算机软件、商业秘密、集成电路布图设计等。

（2）依据科研项目知识产权需求和目标，形成科研项目知识产权评价报告。

（3）提出知识产权运用建议。

【理解要点】

项目完成后，项目组要及时整理项目成果的知识产权清单，包括但不限于专利、文字作品、图形作品和模型作品、植物新品种、计算机软件、商业秘密、集成电路布图设计以及原始实验记录、技术资料等，对相关的研发资料进行归档。对项目产出的知识产权进行系统分析，对有可能存在的专利申请和专有技术进行更深层次的挖掘，全方位地保护项目成果。对项目知识产权情况进行更加全面的整理和总结，并列出一份详细的清单。在涉及承担国家科研项目产出的知识产权时，要遵守国家相关法律法规的要求，明确处置流程，避免国有资产的流失。进一步排查未及时保护或可能造成侵权的风险点，做好实施转化前景评估的分析以及侵权风险的分析，适当给出相关知识产权申请、保护、运营的方案建议。

【案例解析】

商丘师范学院制定的《科技成果转移转化管理办法》中规定了项目结题阶段的知识产权管理工作，其中规定专利申请权、专利权、商标权、计算机软件著作权、集成电路布图设计专有权、动植物和微生物新品种、生物医药新品种、专有技术、技术秘密和技术信息等科技成果的转移转化办法。学校成立了"商丘师范学院科技成果转移转化工作领导组",建立科技成果转移转化重大事项领导班子集体决策制度,学校各二级学院应成立院级科技成果转移转化领导小组,负责组织本单位教职工按要求对已完成的科研项目及科技成果,进行整理、登记、归档、报备,纳入学校统一管理。规定学校可以许可、转让、作价投资职务科技成果,折算股份或者出资比例,以科技成果作为合作条件与他人共同实施转化,自行筹资实施转化等方式进行职务科技成果转移转化。

该校《科技成果转移转化管理办法》中还规定了科技成果转移转化实施的价值评估与审批办法:许可他人使用科技成果或向他人转移转让科技成果的,须由校地合作处进行审批;将科技成果作价折算为投资股份或出资比例的,须由学校科技成果转移转化工作领导组审批;以科技成果作为合作条件,与他人共同实施转化的,须由学校校地合作处进行审批,并通过协议定价;其他科技成果转化形式需要第三方评估机构完成科技成果价值评估和定价的,由学校及项目组与合作方协商遴选、确定并授权具备相关资质的专业评估机构完成。

该校通过《科技成果转移转化管理办法》,有效规范了结题阶段知识产权管理工作,提出合理的项目知识产权推广路径。

二、人文社会科学类科研项目

加强人文社会科学类科研项目管理,特别是创作过程中产生的职务作品的著作权管理,包括:

(1)在签订科研项目合同时,应签订著作权归属协议或在合同中专设著作权部分,明确约定作品著作权的归属、署名、著作权的行使,对作品的使用与处置收益分配,涉及著作权侵权时的诉讼、仲裁解决途径等。

(2)对项目组人员进行培训,并与项目组人员签订职务作品著作权协议,约定作品的权利归属;必要时应采取保密措施,避免擅自先期发表、许可、转让等。

(3)创作完成时提交科研项目成果,包括但不限于论文、著作、教材、课件、剧本、视听作品、计算机程序等。

【理解要点】

高校一般根据学科设置的特点，将自然科学类科研项目和人文社会科学类科研项目进行分类管理，学科属性不同所涉及的知识产权类型、研发与运营步骤也不尽相同。人文社会科学项目主要涉及著作权管理问题，尤其要注重职务作品的著作权管理。在开展科研项目时，首先需通过订立合同来明晰版权归属、收益分配以及确认发生纠纷时的解决途径等。同时与参与项目的人员签署职务作品著作权协议、保密协议，避免研究成果在还没有达到正式发表出版阶段时，其重要数据和观点被泄露或论文报告被剽窃。

在项目立项阶段就应将知识产权保护提上日程。论文、讲义、著作、剧本、绘画、雕塑、作曲、舞蹈作品等在创作初期，应通过知识产权服务机构（图书馆）等查询相关资料和文献，避免侵权他人已发表的相关类型知识产权，如果创作过程中合理引用别人已经发表的部分内容，要指明出处及给原作者署名；引用未发表的内容，需征得原作者的同意。值得一提的是，上述论文、著作、剧本、作曲、雕塑、绘画、舞蹈、计算机程序等均可进行著作权登记，虽然这种登记并非取得著作权保护的前提条件，但可以作为权利人享有著作权的初步证明，一旦遭遇侵权事件，可在诉讼中作为权属证据使用。

【案例分析】

在知识产权管理体系运营过程中，高校应提供相应的记录表单或者文件，证明已进行了上述工作。郑州财经学院设置的项目知识产权实施计划如表4-12所示。

表 4–12　人文社科类科研项目知识产权实施计划

承担专项任务基本情况				
项目编号	项目名称	项目负责人	项目实施周期	承担形式
1				□参研　□主持
项目简介				
合作单位				
知识产权目标				
保护形式	项目组成员		拟订申报日期（年/月）	
发表论文				
注：保护形式包括但不限于论文、著作、教材、课件等				

三、其他

加强其他方面的知识产权管理，包括：

（1）规范校名、校标、校徽、域名及服务标记的使用，需要商标保护的应及时申请注册。

（2）建立非职务发明专利申请前登记工作机制。

（3）规范著作权的使用和管理，加强学位论文和毕业设计的查重检测工作，明确教职员工和学生在发表论文时标注主要参考文献、利用国家重大科研基础设施和大型科研仪器情况的要求。

【理解要点】

长期以来，许多高校对校名、校标、校徽、域名及服务标记等比较漠视，没有意识到这是学校长期积累的宝贵的无形资产，蕴含着较大的商业价值、社会公信力和影响力。一些商家，特别是高校周边的培训机构、宾馆、饭店、书店、理发店、超市等，经常有意无意地打"擦边球"，服务人员甚至口头上借助高校的影响力、公信力来招揽、吸引、欺骗顾客，对高校办学声誉造成了严重的影响。为此，清华大学、北京大学、浙江大学、复旦大学等一批高校率先将校名及其缩写简写、校标、校徽等全类申请注册为商标，发现"碰瓷者"及时维权，制止不法、违规行为，维护高校的声誉。

此外，一些学校专门出台文件，明确在哪些场合、哪些活动中允许使用校名、校徽等，凡使用者需要向学校有关部门提出申请，得到允许后方可合理使用，否则将追究有关部门和人员的法律和纪律责任。

为了避免教职员工将职务发明成果私自申请为个人的专利，高校应建立非职务发明专利申请前登记工作机制，规定教职员工以个人名义申请专利，应该向所在院系、科研处进行登记备案，避免利用学校、项目组的立项、资金、技术、数据资源等条件而产生的技术成果，被个人私自申请专利。

高校应该对学生的学位论文和毕业设计作品著作权的使用和管理，做好查重检测工作，要求教职员工和学生在发表论文时要标注主要参考文献、数据、图标引用和来源情况，在论文、著作中引用他人摄影、美术作品等，一定要标明作者、作品名称、来源信息，形成尊重他人著作权的良好习惯，遵守学术道德，杜绝学术不端行为。如果论文或著作中的实验数据等使用了国家重大科研基础设施和大型科研仪器，也需要在论文或著作中，标明实验数据的来源和出处。一些国家或者区域公共实验室和监测中心，也会在科研仪器设备使用制度中规定，使用方在发布论文、结项、著作等，应该标注利用公共科研设备仪器的信息。

【案例分析】

1999 年起，复旦大学开始申请注册"复旦""復旦"商标。2005 年 9 月 7 日，常州市赛神炉机械厂申请注册"复旦阳光 FUDANYANGGUANG 及图"商标并最终被核准。2014 年 4 月 21 日，复旦大学针对该商标提起无效宣告请求。当时的国家工商行政管理总局商标评审委员会经审查，宣告"复旦阳光 FUDANYANGGUANG 及图"商标无效。常州市赛神炉机械厂不服，诉至北京知识产权法院。2016年7月，北京知识产权法院判决，由于复旦大学自建校100多年来在中国高等教育领域的地位和成就，其核定使用于教学等服务项目上的"復旦"商标所具有的较高知名度，其提供了其商标驰名的基本证据，可以认定引证商标在2003年5月20日之前构成在第41类的学校（教育）等服务上的驰名商标。❶

第五节　知识产权运用

一、分级管理

加强知识产权分级管理，包括：
（1）基于知识产权价值分析，建立分级管理机制。
（2）结合项目组建议，从法律、技术、市场维度对知识产权进行价值分析，形成知识产权分级清单。
（3）根据分级清单，确定不同级别知识产权的处置方式与状态控制措施。
【理解要点】
随着高校专利数量的增多，知识产权管理部门的管理难度和经费负担也在逐年增加，实行新进一批、淘汰一批的动态管理势在必行。专利申请的原创者、项目组最清楚专利的技术创新高度，以及其蕴含的市场价值，结合该专利的剩余保护期限，项目组每年可将授权专利按照一级专利20%、二级专利30%、三级专利50%比例进行动态管理分级。专利权利稳定、创新程度高、市场前景广阔的专利可以列为高价值一级，需要重点维持和管理，重点对外进行推介和合作，争取能获得较满意的专利转化经济价值；二级专利视其转化的进度和剩余的保护期限，在动态管理中，经过一定的年限还是未有转化希望

---

❶ 祝文明."復旦"被司法认定为驰名商标［N］.中国知识产权报，2016-07-29.

的，可调整为三级专利；三级专利基本是可以"打包卖"的专利，在对外合作中，可以以较低的价格进行处理处置，减轻高校专利的年费负担。

二、策划推广

加强知识产权策划推广，包括：

（1）基于分级清单，对于有转化前景的知识产权，评估其应用前景，包括潜在用户、市场价值、投资规模等；评估转化过程中的风险，包括权利稳定性、市场风险等。

（2）根据应用前景和风险的评估结果，综合考虑投资主体、权利人的利益，制定转化策略。

（3）通过展示、推介、谈判等建立与潜在用户的合作关系。

（4）结合市场需求，进行知识产权组合并推广。

（5）鼓励利用知识产权创业。

【理解要点】

对高校知识产权建立分级档案。对于有转化前景的知识产权，深入了解其技术，在该技术领域开展知识产权调查，包括潜在用户、市场价值、投资规模等。通过专利信息、文献情报分析，开展转化过程中的知识产权风险评估，如专利稳定性和市场风险，做好专利布局，加强专利运用实施，促进成果转移转化。

高校应充分利用分析出的知识产权信息，对当前该领域的技术现状进行充分的掌握，通过技术发展状况预判出未来发展方向，有效规避当前的技术风险，找到技术突破口，进行知识产权布局，制订出既符合投资主体、权利人的利益，又能实现高校知识产权转移转化的方案。

依据知识产权的重要程度，高校要对需重点维护、有转化前景的知识产权深度挖掘，及时了解市场前景，评估其中的风险。通过市场细分，以现有的潜在客户为目标，制定有针对性的营销策略，运用展示、推介、谈判等方式，把有价值的知识产权组合、打包推广。

紧贴高校创新创业需求，注重实效，强化知识产权政策落实，完善和深化知识产权政策环境，为知识产权创造良好的制度环境和公共环境，形成利于创新、便于创业的格局。

【案例分析】

某大学知识产权策划推广表如表 4-13 至表 4-15 所示。

表 4-13 拟转化知识产权策划分析报告

项目名称：	
项目概述、技术要点：	
市场调研情况：	
应用前景：(潜在用户、市场价值、投资规模等)	
转化过程中风险评估：(权利稳定性、市场风险等)	
转化策略：(风险评估、投资主体、权利人利益等)	
人力资源需求	
时间周期	
财务预算	
是否同意转化：	
审批人：	日期：

表 4-14　潜在用户名单

序号	名称	联系方式	地址	目标知识产权	取得联系途径

表 4-15　知识产权组合推广评估

知识产权名称 （2个或以上）		知识产权类别	
受让方			
评估目的	□实施　□许可　□转让		
市场需求 调查方案			
组合推广计划			
评估结果简述			
校领导/知识产权管理委员会审查意见	签字：　　　　　日期：　　　年　月　日		

三、许可和转让

在知识产权许可或转让时，应遵循下列要求：

（1）许可或转让前确认知识产权的法律状态及权利归属，确保相关知识产权的有效性。

（2）调查被许可方或受让方的实施意愿，防止恶意申请许可与购买行为。

（3）许可或转让应签订书面合同，明确双方的权利和义务。

（4）监控许可或转让过程，包括合同的签署、备案、变更、执行、中止与终止，以及知识产权权属的变更等，预防与控制交易风险。

【理解要点】

高校应对知识产权许可与转让过程进行控制，以获取经济利益和其他利益。在许可或转让过程中，要明确知识产权的法律状态和权利归属，通过权威机构进行前期查询，保证专利权的完整性，即所许可转让的专利权上不存在为第三人设立的抵押权，没有强制实施许可情形，不存在其他专利权限制。高校要调查对方是否具有真实、明确的转让、许可意图，对恶意申请许可或购买的行为应当坚决制止。

高校在与许可方或受让方进行许可和转让过程中，要签订书面合同，双方的权利和义务应当对等、平衡，其中写明知识产权的适用范围、后续创新的知识产权分享与归属、收益分配比例等内容，并在国家知识产权局备案。合同执行期间，有变更、中止、终止等情况的发生，应当定时监控，防止交易风险发生。

四、作价投资

在利用知识产权作价投资时，应遵循下列要求：

（1）调查合作方的经济实力、管理水平、生产能力、技术能力、营销能力等实施能力。

（2）对知识产权进行价值评估。

（3）明确受益方式和分配比例。

【理解要点】

知识产权作价投资有利于高校知识产权与货币资本的有机结合，促进高校的科技成果转化。在知识产权作价投资前，作为整个交易的前提和基础，高校应根据征询和调查所得的资料对合作方进行彻底和全方位的分析判断，涉及经济实力、管理水平、生产能力、技术能力、营销能力等，从而对交易方有系统地了解。高校还应对作价投资的知识产权价值进行客观、公正、合理的评估；对重大项目的知识产权作价投资时，应经过高校专家评审会论证，编制可行性分析报告，对市场前景、经济效益、社会效益等进行分析，为高校投资决策提供客观依据。

在作价投资过程中，在效率优先的前提下，要兼顾利益分配的公平和正义，明确高校和投资方双方的受益方式和分配比例，既防止国有资产的流失，又有利于调动投资方的合作积极性，达到合作双赢的目标。

【案例分析】

东南大学《科技成果作价投资管理办法（暂行）》中明确规定了作价投资的组织实施流程和投资收益分配。

科技成果作价投资实施的工作程序为：学校将科技成果评估作价，转化成果的投资行为和估价上报学校经营性资产管理委员会或校长办公会审批决策，学校以此科技成果向资产公司实施增资，再由其实施对外投资。

科研院或社会科学处负责对拟用于投资的科技成果进行权属和有效性的认定、审核，以及学校对资产公司增资过程中相关知识产权的变更。

资产经营管理处负责对拟用于投资的科技成果进行评估；同科研院、社会科学处、大学科技园、资产公司组织专家论证科技成果作价投资方案，就相关法律文件征询校法制办公室意见，编写科技成果作价投资可行性报告，并向学校国有资产经营管理委员会或校长办公会提交报告以供审议；履行国有资产评估项目备案手续。

学校鼓励转移转化科技成果的技术团队和发明人获得收益，采用作价投资方式转化所取得的收益分配方案如下：(1) 拥有科技成果的技术团队和发明人享有以科技成果作价投资后的股权收益，收益分配比例：技术团队和发明人享有股权收益的70%，学校享有股权收益的20%，院系享有股权收益的10%。具体收益分配方案，以书面形式报资产经营管理处和资产公司备案。(2) 院系的收益用于该院系的科技创新和相关学科建设。技术团队和发明人的个人收益所得税应按相关规定执行。

第六节 知识产权保护

一、合同管理

加强合同中的知识产权管理，包括：

（1）对合同中有关知识产权的条款进行审查。

（2）检索与分析、申请、诉讼、管理咨询等知识产权对外委托业务应签订书面合同，并约定知识产权权属、保密等内容。

（3）明确参与知识产权联盟、协同创新组织等情况下的知识产权归属、许可转让及利益分配、后续改进的权益归属等事项。

【理解要点】

高校知识产权管理部门要对学校对外开展的检索与分析、申请、诉讼、管理咨询等合同中涉及知识产权的条款进行审查，审查的重点包括是否约定了知识产权的权属及是否具有保密的条款内容。

此外，在学校参与知识产权联盟、协调创新、产学研合作等协议中，也要明确知识产权归属、许可转让及利益分配等条款。值得一提的是很多高校忽略了合作后续改进的权益归属条款，给今后可能遇到的纠纷埋下隐患。实践中，高校把专利许可给企业使用，但在实际生产、销售、市场客户反馈过程中，不可避免地会不断地进行技术改进和提升，并可能会产生一些新的技术创新，而且具备申请新的专利的条件。那么，假如双方没有约定后期改进的专利归属，很可能会产生纠纷。据此，双方在后期合作中，可以签订技术改进的补充协议，根据双方投入智力劳动和物质资金的多少，来进一步约定改进后的知识产权归属和利益分配。

【案例分析】

案例1：20世纪90年代，北京某知名大学的汽车队司机李某利用业余时间对小轿车后视镜的现状和镜面曲率进行了改进，使得后视镜的视野更加开阔。李某以个人名义申请了实用新型专利（专利1）。该大学水利系认为该专利产品市场销路好，就投资合作创办企业，并专门将李某从汽车队调入水利系成为正式员工。在合作协议中约定，李某提供技术图纸，某大学负责投入厂房、资金、设备和销售，获利按大学70%、李某30%分成。该后视镜投产后被多家汽车厂采购，效益可观。

2年后，李某根据市场反馈，在原专利的基础上对后视镜产品进行了进一步改进，又以个人名义申请了1件实用新型专利（专利2）并获得授权，改进后的后视镜结构合理，高端大气，更加受销售市场欢迎。某大学向北京市专利局请求认定专利2为职务发明，专利权人也改为学校。北京市专利局审理后认为，某大学和李某没有就后期技术改进后的专利权归属进行约定，某大学提供不出其他教职员工参与专利2技术改进作出实质性贡献的证据，也没有明确给李某下达该技术改进的科研任务，某大学也无法提供专利2技术方案的形成与某大学提供的物质技术条件之间存在着必然联系的确凿证据。最终，北京市专利局作出专利权仍归李某的处理决定。

北京某大学不服，先后向北京市第一人民法院、高级人民法院提起上诉，上诉请求均被驳回。

案例2：某大学与某专利代理机构签订的知识产权贯标辅导咨询协议中，约定了知识产权权属、保密内容。

六、知识产权及保密事项

本合同的完成的工作成果，包括数据、图表等，由甲方拥有完全的所有权、使用权和支配权。乙方应无条件和不可撤销地向甲方转让对于任何工作成果的一切权利、所有权和权益，包括但不限于其中的所有著作权和其他知识产权。

保密条款：

1. 本合同所含条款；

2. 工作成果；

3. 甲方为本合同而向乙方提供的一切涉及甲方商业秘密的材料；

4. 一方在另一方接触之前特别指定为保密的口头和书面信息；

5. 接受方按理应当视为保密的口头和书面信息，而不论该等信息是否被指定为保密的。

6. 未经甲方许可乙方无权单方面对媒体公开合作内容。

二、风险管理

规避知识产权风险，主动维护自身权益，包括：

（1）及时发现和监控知识产权风险，制定有效的风险规避方案，避免侵犯他人知识产权。

（2）及时跟踪和调查相关知识产权被侵权的情况，建立知识产权纠纷应对机制。

（3）在应对知识产权纠纷时，评估通过行政处理、司法诉讼、仲裁、调解等不同处理方式对高校产生的影响，选取适宜的争议解决方式，适时通过行政和司法途径主动维权。

（4）加强学术交流中的知识产权管理，避免知识产权流失。

【理解要点】

高校在开展知识产权工作过程中，应及时建立知识产权保护及风险管理控制程序，针对知识产权获取、维护、许可、转让等知识产权工作，及时通过网络、会展、市场调查、检索等方式定期进行监控，提前规避侵权。同时，建立知识产权纠纷应对机制，与知识产权、法律服务机构建立长期合作关系，一旦遭遇侵权事件，迅速采取应对措施，参考相关机构意见，根据需要选择行政处理、司法诉讼、仲裁、调解等适宜的争议解决方式，保护自身知识产权不受侵犯。针对学术交流工作制定相关规定，要求学校教职员工在参加该类活动时，用作交流的文档、发言、学术论文、报告等资料，均需事先经过上级审查批准后，方可公开交流。

> 【案例分析】

《南京航空航天大学知识产权管理办法》中对学术交流活动作出了明确规定：

第二十五条　在国外学术交流和技术合作活动中，包括发表论文、学术报告、讲学、参加学术会议、访问、参观、咨询、通信、合作等方面，对学校应保密的信息和技术资料要按照有关保密规定，严格审批手续，防止泄露学校的技术秘密和商业秘密。

第七节　检查和改进

一、检查监督

定期开展检查监督，确保知识产权管理活动的有效性。

【理解要点】

高校在知识产权贯标体系运行过程中，应根据知识产权目标，制定相关的评价体系，定期对知识产权工作在学校各院（系）、各部门的具体落实情况进行审核，结合本校的发展宗旨和需求，验证是否取得了一定的效果和作用以及是否需要进一步改进和提高，确保知识产权管理活动取得实效。该工作可由学校知识产权管理委员会牵头，知识产权运营部门具体实施，通过定期检查与监督，及时发现知识产权管理体系运行中遇到的问题，并予以纠正，不断完善高校知识产权管理体系，将知识产权有效地融合到高校的科学研究、创新创造、人事管理、财务资源、社会服务、人才培养等工作中，为高校知识产权工作探索出一条可持续发展的道路。

二、绩效评价

根据高校的知识产权绩效评价体系要求，定期对校属部门、学院（系）、直属机构等进行绩效评价。

【理解要点】

高校每年至少对知识产权管理体系运行情况进行一次内部自我检查，根据学校的知识产权绩效评价体系要求，确定体系是否持续有效运行，为学校管理体系的改进提供依据，对照知识产权方针、目标，制定和落实整改措施，确保在管理体系持续有效地运行与改进。

如结合《高等学校知识产权管理规范》要求和学校自身情况，审核学校知识产权目标、相关知识产权政策、规划是否批准和发布，审核校长（或主管校长）是否对知识产权重大事务进行审核或决定；各部门的知识产权管理职责和权限是否明确，学校的各项资源配置与保障条件是否充分；知识产权主管部门是否明确相关管理职责，拟定知识产权长期、中期、短期目标，是否及时审核知识产权政策及规划，监督规划执行情况，是否建立有效的知识产权绩效评价体系，是否审查合同中的知识产权条款，是否组织开展知识产权培训，是否整体统筹协调知识产权管理事务等；高校是否监控知识产权风险，制定有效的风险规避方案避免侵犯他人知识产权；是否设立了知识产权经常性预算费用，用于相关知识产权活动事项；是否建立知识产权管理信息化系统，是否配备软硬件设备、教室、办公场所等相关资源，能否充分保障知识产权工作的有效运行；校属学院（系）、直属机构是否配备知识产权管理人员，是否组织对学生进行知识产权培训；在开展重大科研项目时，是否开展了专利导航工作。是否对收集的信息进行筛选和分析，从分析数据中掌握研究课题的技术发展趋势，从而确定研究方向和重点；是否对研究成果进行及时评估，确定保护方式，适时形成知识产权；是否对有转化前景的知识产权进行评估，评估其应用前景、转化过程中的风险等。

【案例解析】

郑州财经学院于 2021 年 11 月 15 日开展知识产权管理体系的自我监督检查，确定学校知识产权管理体系运行是否符合《高等学校知识产权管理规范》的要求，保护知识产权管理体系的适宜性和有效性。检查监督由副校长牵头组织，成立检查监督小组，制订审核计划（包括检查监督的目的、范围、依据、审查时间、审核组成员、受审核部门时间安排等）。学校对检查监督过程形成文字记录，召开末次会议宣布审查结果，公布不符合项，并跟踪整理，形成记录文件。

三、改进提高

根据检查、监督和绩效评价的结果，对照知识产权目标，制定和落实改进措施。

【理解要点】

高校定期通过《高等学校知识产权管理规范》（GB/T 22351—2016）中 10.1 和 10.2 条款的检查、监督和绩效评价的结果，对知识产权管理体系运行情况进行自我检查，确保知识产权管理体系持续有效地运行与改进。对全部条款检查过程中发现的不足进行记录，形成不符合报告，明确不符合条款，并对相关负责人员进行培训，并形成培训、纠正文件记录。相关人员要对照高校制定的长期、中期、短期目标，持续对不符合部分进行改进，通过 PDCA（策划、实施、检查、改进）过程不断地修正，进一步规范和提升高校在知识产权获取、运用、保护、管理的全面工作。

第五章 《高等学校知识产权管理规范》问答

第一节 贯彻实施类问答

一、政策法规方面

(一)与高校知识产权贯标实施相关的法律法规有哪些

与高校知识产权贯标实施相关的法律主要包括《专利法》《商标法》《著作权法》《民法典》《中华人民共和国反不正当竞争法》《科学技术进步法》等;相关的行政法规主要包括《关于禁止侵犯商业秘密行为的若干规定》《专利法实施细则》《商标法实施条例》《著作权法实施条例》《计算机软件保护条例》《信息网络传播权保护条例》《中华人民共和国著作权集体管理条例》《中华人民共和国植物新品种保护条例》《知识产权对外转让有关工作办法(试行)》等。

(二)涉及高校知识产权贯标的相关政策有哪些

高校知识产权贯标主要涉及《高等学校知识产权管理规范》《高等学校知识产权保护管理规定》《国家知识产权试点示范高校建设工作方案》《关于提升高等学校专利质量促进转化运用的若干意见》《高校知识产权信息服务中心建设实施办法》等相关政策。

二、操作流程方面

（一）高校知识产权贯标的相关费用有哪些

首次进行高校知识产权贯标认证费用包含认证申请费、审定与注册费、审核费和管理年金。目前国家认证认可监督管理委员会没有出台明确的费用金额，在实际操作中，可以参考企业知识产权贯标，根据高校实际参保教职工人数预估费用。如 600～1000 人，认证费用为 31000 元；1000～1600 人，认证费用为 35000 元；1500～2300 人，认证费用为 39000 元；2300～3500 人，认证费用为 43000 元；3500～5500 人，认证费用为 47000 元；5500～8000 人，认证费用为 51000 元；8000～11000 人，认证费用为 55000 元。

首次认证后的第二年及第三年，由认证机构进行监督审核，其中费用包含审核费和管理年金。认证证书三年有效期届满进行再认证。在实际操作中，可以参考企业知识产权贯标，根据高校实际参保教职工人数预估费用。

600～1000 人，监督审核费用为 14000 元，再认证费用为 30000 元。

1000～1600 人，监督审核费用为 14000 元，再认证费用为 34000 元。

1500～2300 人，监督审核费用为 14000 元，再认证费用为 38000 元。

2300～3500 人，监督审核费用为 18000 元，再认证费用为 42000 元。

3500～5500 人，监督审核费用为 18000 元，再认证费用为 46000 元。

5500～8000 人，监督审核费用为 22000 元，再认证费用为 50000 元。

8000～11000 人，监督审核费用为 22000 元，再认证费用为 54000 元。

另一项主要支出费用是知识产权机构贯标辅导咨询费，该费用根据不同地区的不同情况进行收费，具体可与当地辅导机构洽谈。此外，还有审核员到学校现场审核的食宿、交通等接待费用。按照认证合同约定，这些费用都由受审核方负责。

建议高校根据实际情况，针对重大科研项目开展专利导航工作。如果校内知识产权服务支撑机构具有进行专利导航的能力，该费用可以节省；如果没有则可以委托校外专业知识产权机构进行专利导航，费用需与当地机构进行洽谈。

（二）如何选择适合的辅导机构

高校在选择贯标服务辅导机构时应从自身的需求出发，择优选择合适的辅导机构，帮助高校做实做好知识产权贯标工作，将知识产权贯标体系贯彻实施在高校的日常管理运营中，使高校在贯标体系运营中真正做到学以致用。

首先，高校需要了解机构从业人员是否具有丰富的知识产权从业经验，有无知识产权行业高层次人才，是否能够为高校提供知识产权相关知识、高校贯标标准解读等基础培训。

其次，要求辅导机构提供较为详细的贯标实施方案，从贯标的流程安排、内容规划、实施方法等方面进行细节把控，以此评判辅导机构的专业性。

最后，查看辅导机构以往辅导的案例，将其作为有效的参考指标，评判该机构是否具有承担高校贯标辅导工作的能力。特别需要注意的是，一些服务机构承担过企业知识产权管理体系的辅导工作，但高校和企业的知识产权管理规范标准条款差异化率高达 80% 以上。因此，具有企业贯标辅导业绩的服务机构，如果没有专业的指导和培训，基本难以胜任高校贯标辅导工作。

（三）许多高校贯标都要进行社会招标，在招标书中主要体现哪些任务指标

高校知识产权贯标涉及处室、院系多，持续时间长，花费较多，一般都会超过学校要求招投标的最低金额，因此不可避免地要求进行公开招标投标程序。高校在招标书中要求投标单位一般应该是以科技咨询机构、知识产权服务机构为主，要求投标者提供营业执照、资质条件、曾经获得的荣誉特别是高校和企业贯标的经历和业绩。此外，需要列出标的的报价详细清单，如宣传培训费用，专利导航费用，记录表单开发、差旅费，有的高校甚至把专利管理软件采购也涵盖在内。必要时还要求列出第三方认证机构预计收费及监督审核、审核员食宿交通接待等大概花费情况，这是高校将来需要直接转给第三方认证机构的，但一般都要求贯标辅导机构提供，以便高校准备相关的贯标全过程预算。

（四）高校贯标由哪个部门牵头比较合适

近年来，许多高校都开始重视专利成果转移转化工作，负责部门有的是学校科研处（具体负责的是校科研处下属的知识产权管理办公室），有的是校地合作办公室，有的是高校知识产权运营管理中心，有的是技术研究院。这些部门和机构与专利的创造、管理和运营，产学研合作，专利转移转化都有关联。那么，高校贯标究竟由哪个部门管理比较合适呢？

《高等学校知识产权管理规范》（GB/T 22351—2016）"引言"部分写得非常清楚，高校贯标的目的就是"通过实施本标准，实现全过程知识产权管理，提高科技创新能力，促进科技创新成果的价值实现"。可见，贯标的目标主要在两点，一是有效管理，二是实现知识产权的转化。也就是说，这个牵头部门能够而且具备实现这两个目标的职权、职责和能力。

具体来说，牵头部门在高校贯标中要承担《高等学校知识产权管理规范》（GB/T 22351—2016）条款 5.3 中规定"管理机构"的 8 条职责：

（1）拟订知识产权工作规划并组织实施；

（2）拟订知识产权政策文件并组织实施，包括知识产权质量控制、知识产权运用的策划与管理等；

（3）提出知识产权绩效评价体系的方案；

（4）建立专利导航工作机制，参与重大科研项目的知识产权布局；

（5）建立知识产权资产清单和知识产权资产评价及统计分析体系，提出知识产权重大资产处置方案；

（6）审查合同中的知识产权条款，防范知识产权风险；

（7）培养、指导和评价知识产权专员；

（8）负责知识产权日常管理，包括知识产权培训，知识产权信息备案，知识产权外部服务机构遴选、协调、评价工作等。

高校贯标的牵头单位需要做的工作不光是知识产权的日常管理、统计分析、绩效考核等，还需要承担协调、组织、拟定知识产权政策、审查合同中的知识产权条款、遴选知识产权外部机构、参与专利导航等工作。校地合作办公室、高校知识产权运营管理中心、技术研究院等部门，因大多数高校职能可能偏重于产学研合作、成果转移转化等方面，职能、职责比较单一，调动的人力、财力和信息等资源也非常有限，而且这些部门可能是近两年才成立，在学校的威望和影响力有限，难以承担上述事关学校综合性的、全局性的、复杂性的、体系性的工作。校科研处负责每位教师的科研任务下达、考核，并且直接参与教师的职称评定工作，在高校中属于传统意义、心理上的"位高权重"部门，地位举足轻重。因此，从行政管理、心理上的归属感和部门传统的权威性而言，校科研处负责高校贯标工作，可能更有利于向上协调校长、副校长等校管理层，平行协调校人事处、财务处、教务处等部门，向下向文理科院系、项目组下发有关贯标的通知、任务及考核指标，更有利于知识产权管理体系的建设和推行。当然，高校贯标工作可能与校地合作办公室、高校管理运营中心、技术研究院等有着紧密的联系，各校可以根据实际运行情况进行合理科学地职责分工，使体系运行更加适宜顺畅和高效运转。

（五）哪些部门需要参与高校知识产权贯标

高校贯标中，主要管理部门如学校知识产权管理委员会必须参与知识产权贯标，该部门一般有校长、主管科研及知识产权工作的副校长、各部门和各院系负责人等管理层参与，是知识产权贯标中的核心组织，知识产权工作的整体规划和实施离不开这类部门的组织策划。实践中，校长可授权主管科研的副校长具体负责高校贯标工作，包括《知识产权管理手册》、程序文件、知识产权制度发布等文件的审核批准；许多高校将知识产权管理委员会设在知识产权管理机构如科研处，具体负责知识产权工作的实行。

参与高校贯标的部门包括知识产权管理运营中心、科研处、财务处、人事处、图书馆、校地合作办公室、大学科技园等。其中科研处、人事处、知识产权管理运营中心等部门作为学校的主要职能部门，知识产权工作的具体落实情况均包含在上述部门中，如知识产权工作规划、知识产权培训、专利申请和维护、专利保护、重大科研项目的知识产权布局、专利导航、知识产权资产清单、知识产权研发投入等工作；人事处负责教职工入职、聘用人员知识产权背景调查、人事合同中的知识产权权属、保密约定等工作；财务处负责年度知识产权预算、决算等工作。

此外，知识产权服务机构也是高校贯标中不可或缺的部门，该机构一般可设立在学校图书馆或委托外部服务机构，或者两者并行，各有具体分工，可为学校开展各类知识产权相关工作提供信息情报的收集、整理、分析等工作。

（六）高校需与知识产权贯标认证机构沟通的问题

高校在建立贯标体系并运行一段时间以后，满足适应性和有效性，可以向第三方认证机构申请贯标认证，具体流程如下。

（1）确定所在高校满足基本申请资质；

（2）初步拟订高校审核范围；

（3）准备知识产权管理手册，知识产权相关制度、程序文件，实施检查监督的相关材料，如知识产权明细等；

（4）提交高校知识产权管理体系认证申请书；

（5）确定审核员行程。

（七）高校知识产权贯标认证通过的基本条件

（1）建立完整的知识产权管理体系；

（2）制定适合高校发展的知识产权目标、政策、规划；

（3）组织架构、职能分配合理有效，人力、财务、信息、基础设施等资源能够保障体系正常有效运行；

（4）组织至少一次监督审查；

（5）确保知识产权管理工作持续有效。

（八）现场审核完成后什么时候颁发认证证书

现场审核后，高校应尽快配合向审核员提交相应的不符合项整改材料，审核员查阅后将案卷递交到所在认证机构的技术委员会进行审查，评估合格后，可以进入出证环节。认证机构会先把电子证书发给高校负责联络人员，核对证书上的校名、地址、认证范围等信息无误后，打印正式纸质证书，并邮寄给高校。从现场审核后到收到纸质认证证书大约需要一周时间。

三、条款理解方面

（一）什么是高校知识产权贯标的文件控制

文件控制是体现知识产权管理是否是标准化的重要标志之一。高校知识产权文件控制是指高校知识产权管理文件应经过正式的审核和批准，并形成相关的批准流程记录。所有的文件应跟实践紧密结合，体现在管理制度、科研成果制度、人事管理制度、信息化制度、保密制度和教学管理制度中，对表述内容、保管方式、文件类别、保密级别及失效文件进行明确标记的控制管理。

（二）高校知识产权贯标有必要进行哪些培训

需要进行的高校知识产权贯标培训如下：知识产权宏观形势培训，此类培训主要针对学校高层管理人员；《高等学校知识产权管理规范》标准解读培训，此类培训主要针对学校知识产权管理委员会全体人员、各院系参与知识产权管理的领导和专员、知识产权服务支撑机构人员；专利检索和信息利用培训、专利导航和专利布局培训、知识产权转移转化培训，此类培训主要针对承担重大项目的项目组人员、知识产权服务支撑机构人员；著作权培训，主要针对人文社科类院系的师生；知识产权基础知识培训，主要针对全体教职工及学生。

（三）高校知识产权贯标有必要进行哪些层次的人员培训

高校贯标人员培训涉及以下几类人员：一是学校高层管理人员，如校长、主管知识产权工作的副校长；二是学校知识产权管理委员会全体人员；三是各院系参与知识产权管理的领导、专员，知识产权服务支撑机构人员；四是承担重大科研项目的项目组成员；五是教职工及学生。

（四）如何选择知识产权专员

知识产权专员主要是各个院系负责知识产权管理工作的人员以及重大科研项目的项目组成员，应当具备的条件包括熟悉知识产权相关国家法律规范、熟悉学校内部的相关规章制度、具备良好的沟通能力以及上传下达意识。

（五）自然科学类院系在贯标体系中涉及哪些工作

（1）自然院系在项目选题、立项、实施、结题过程中，要确定项目知识产权目标，建立信息收集渠道，收集相关的知识产权信息进行筛选和分析，确定研究方向和重点。

（2）针对重大科研项目，配备专人负责建立、保持科研过程中的知识产权记录文件并定期更新，通过对科研项目的专利信息、文献情报进行跟踪检索，确定是否调整研究方向和技术路线。

（3）在签订科研项目合同时，明确约定相应知识产权条款；对外发布科研项目相关信息、使用其他单位国家重大科研基础设施和大型科研仪器或其他涉密设备、进入重点实验室或其他涉密区域时，应做好相应保密工作，必要时签订知识产权保密承诺书。

（4）对研究成果进行及时评估，确定保护方式，适时形成知识产权；对于有重大市场前景的科研项目，审核是否进行专利布局、商业秘密保护等工作。

（六）项目组在贯标体系中需要做哪些工作

（1）根据科研项目的具体情况，确定知识产权管理目标并予以实施，管理项目中的知识产权信息，定期组织项目组人员参加相关知识产权培训并报告科研项目的知识产权工作情况。

（2）确定研究方向，在项目立项、研发、实施过程中注重知识产权信息的收集和分析。

（3）对研究成果进行及时评估，确定研发过程中产生的专利、导航报告、论文等知识产权成果，及时进行专利布局并申请知识产权保护。

(4)寻找合适的转化机构进行成果转化。

(5)项目组人员要做好职能划分,规定涉密设备、涉密区域的使用范围;外聘研究人员应签署保密协议,约定知识产权条款。

(七)在贯标体系中如何对学生进行有效管理

学生管理工作是高校工作的重要组成部分,在知识产权贯标体系加强学生的有效管理,对高校顺利开展知识产权工作十分必要。尤其是近年来,高校师生发表毕业论文时,经常遇到提前擅自在互联网、朋友圈、微博等发布一些不成熟的技术或科研信息的情况,造成涉嫌侵犯知识产权的事件屡见不鲜,信息传播权的案件更是高发。因此,对高校学生进行知识产权意识培养十分有必要,让学生掌握知识产权基础知识和规避风险,了解学习科研中知识产权合理使用,明确界限,尊重他人知识产权,从在学校时期就树立尊重知识产权的意识。

学校应线上、线下双管齐下,积极组织开展知识产权培训,普及知识产权相关知识,培育知识产权人才队伍。线上组织学生通过中国知识产权远程教育平台学习,并将知识产权课程列为选修课程,修满课程且通过考试给予2~3学分,鼓励学生积极参与到知识产权学习中;线下可定期组织开展知识产权相关培训、讲座,提高学生的知识产权意识,在校园内营造良好的知识产权学习氛围。有条件的高校可面向部分理工科院系、大学科技园创业学生单独开班,开设知识产权课程,邀请知识产权业内专家作为外聘教师定期授课;开展创新创业知识产权培训班,重点加强对创业大学生的培训,为学生创新创业保驾护航。此外,高校还可在本校现有的专利资源中深入挖掘和整理本校的"闲置专利",挑选一批适合大学生创业的项目,提供给有自主创业意愿的学生,一方面解决了大学生就业难的问题,另一方面也促进了高校专利的转移转化。

在校学生如果要参与课题组、项目组,需提前签订学生参与课题项目研究知识产权事项提醒表,承诺在参与项目研发期间不抢先申请专利、透露商业秘密,不得擅自侵犯他人知识产权,且项目组结束后需签署保密协议,仍应承担和参与项目期间一样的保密义务和不擅自使用有关秘密信息的义务。

(八) 运行过程中，想调整有关部门的职责分工可以吗

高校在体系运转过程中，如果发现有些部门的职责和分工不太适合现有的学校管理体制和实际权责，是可以随时进行调整的。高校知识产权贯标也遵循管理体系普遍的 PDCA 过程方法，即策划、实施、检查、改进管理模型，在高校监控和评审知识产权管理效果时，发现与学校实际运行不适合、不协调、不高效、不经济的地方，如在签订专利的检索分析、申请、协同创新、产学研等类型的合同时，学校法务办公室认为学校科研处把握起来更专业、更得心应手，建议《高等学校知识产权管理规范》标准条款 9.1 "合同管理"应该调整给学校科研处来进行管理；校图书馆经过一段时间的运行，认为本部门负责的《高等学校知识产权管理规范》标准条款 6.5 "信息资源"中 "b. 对知识产权信息进行分类筛选和分析加工，并加以有效利用"，应该调整给自然科学类院系、项目组，因为理工科院系科研团队在进行项目科研时，才更需要和更充分地对知识产权信息进行分类筛选和分析加工，并加以有效利用，校图书馆实际上难以及时准确地了解相关科研项目的知识产权信息，如果图书馆不具备专业检索能力和专利检索人员等服务能力，这个条款就难以有效执行等。这些实际遇到的问题和意见，经学校知识产权管理委员会同意，都可以进行部门职责的重新调整，使体系运转更加适宜和有效。当然，《高等学校知识产权管理规范》标准条款 4.2 "文件控制"中的知识产权手册、作废文件的管理等方面都需要进行相应的调整、记录和标记，以便在下一年度监审中供审核员查阅和使用。

(九) 高校认证审核中的检查监督是什么

企业贯标分为内审和管评，而《高等学校知识产权管理规范》标准条款 10.1 "检查监督"中规定 "定期开展检查监督，确保知识产权管理活动的有效性"，即高校只需对体系进行检查监督。高校在建立知识产权贯标体系过程中，接受第三方审核前，根据高校知识产权绩效评价体系要求，定期对校属部门、学院（系）、直属机构等开展内部检查监督工作，确保学校建立的知识产权管理体系是完整的以及知识产权管理工作是有效的，根据检查、监督和绩效评价

的结果，查漏补缺，进一步完善学校的知识产权管理体系建立工作，对照知识产权目标制定和落实改进措施。

（十）如何开展高校知识产权管理体系的检查监督

高校知识产权管理体系的检查监督通俗地来说，相当于高考前的模拟考试。在正式提请第三方认证机构到学校进行现场审核前，先由学校组织一次内部审核，各部门抽调1人，由校领导组织分成若干小组，对照标准条款进行输入，通过提问和现场考察相互进行交叉审查，发现不符合项并出具不符合报告，存在问题的相关部门要找出不符合的原因，进行纠正或者采取纠正措施，并组织部门人员对相应条款进行集中学习，确保今后不犯类似错误。以上过程都要形成内部审核报告并报学校知识产权管理委员会，以检验体系运行的适宜性和有效性。如果有不适宜的地方也可以进行内部调整。

（十一）什么是高校知识产权管理体系外审制度

高校知识产权管理体系建立并运行三个月以上后，可以提请第三方认证机构到高校进行现场认证，这就是外审制度。第三方认证机构派出审核组到学校，通过若干天的现场观察和询问，认为符合高校管理规范标准要求的，可以向高校颁发认证证书。

（十二）高校认证审核首次会议议程有哪些

认证机构审核组组长任会议主持人。出席首次会议的校方人员在首次会议表上签字。议程主要有：

（1）认证审核组和高校双方介绍出席人员；

（2）认证审核员介绍现场审核的流程及方法、审核员宣读审核纪律；

（3）校领导表态发言；

（4）首次会议结束，整体时间约半小时；

（5）审核员到认证范围内的学院、项目组、服务支撑机构（如图书馆）等进行现场考察。

(十三)高校认证审核末次会议议程有哪些

认证机构审核组组长任会议主持人。出席末次会议的校方人员在末次会议表上签字。议程主要有：

（1）审核组反馈审核中发现的问题，提出改进意见；

（2）校领导表态发言；

（3）校领导在有关不符合报告、认证范围确认等表单上签字、盖章；

（4）审核员离校返程。

第二节 高校知识产权贯标认证机构问答

一、我国高校知识产权贯标认证机构有哪些

目前经审批具有知识产权管理体系认证的机构有37家，这些机构都可以进行高校知识产权管理体系认证。名单如表5-1所示。

表5-1 具有知识产权管理体系认证的机构名单

1	中国质量认证中心
2	方圆标志认证集团有限公司
3	中国船级社质量认证有限公司
4	新世纪检测认证有限责任公司
5	兴原认证中心有限公司
6	北京世标认证中心有限公司
7	深圳华测国际认证有限公司
8	北京中经科环质量认证有限公司
9	挪亚检测认证集团有限公司
10	凯新认证（北京）有限公司

续表

11	北京军友诚信检测认证有限公司
12	中知（北京）认证有限公司
13	中规（北京）认证有限公司
14	深圳华凯检验认证有限公司
15	奥鹏认证有限公司
16	博纳认证有限公司
17	鹰企认证服务（上海）有限公司
18	北京万坤认证服务有限公司
19	华亿认证中心有限公司
20	国知（北京）认证有限公司
21	中崮（北京）认证有限公司
22	中际连横（北京）认证有限公司
23	中坛（北京）认证服务有限公司
24	中为创新（北京）认证有限公司
25	博瀚检测认证集团有限公司
26	中审（深圳）认证有限公司
27	企知（北京）认证有限公司
28	中标通国际认证（深圳）有限公司
29	北京中科智雅国际认证有限公司
30	知产（北京）认证服务有限公司
31	安知认证有限公司
32	北京蜻蜓眼认证有限公司
33	中范（北京）认证有限公司
34	知睿（浙江）认证有限公司
35	博创众诚（北京）认证服务有限公司
36	研硕认证（北京）有限公司
37	艾西姆认证（上海）有限公司

数据来源：知识产权贯标认证学习平台。

二、如何查询知识产权贯标认证机构资质

全国认证认可信息公共服务平台http：//cx.cnca.cn/CertECloud/index/index/page。

三、做过高校知识产权贯标认证的认证机构

做过高校知识产权贯标认证的认证机构，如表5-2所示。

表5-2 高校知识产权贯标认证机构

1	中规（北京）认证有限公司
2	中知（北京）认证有限公司
3	知产（北京）认证服务有限公司
4	中审（深圳）认证有限公司
5	企知（北京）认证有限公司
6	中际连横（北京）认证有限公司

四、我国哪些高校通过知识产权贯标认证

截至2022年3月底，我国已有33家高校通过了知识产权管理体系认证。名单如表5-3所示。

表5-3 我国高校通过知识产权贯标认证的名单

序号	高校	证书编号	状态	颁证日期	撤销/暂停日期	颁证机构
1	商丘师范学院	537211P0061R0L	有效	2021-06-16		知产（北京）认证服务有限公司
2	郑州财经学院	53721IP0182R0L	有效	2021-12-30		
3	山东理工职业学院	165IPG180002R0M	撤销	2018-07-25	2020-07-23	中知（北京）认证有限公司
4	上海电力大学	165IPG180001R0L	有效	2019-10-14		
5	上海海洋大学	165IPG200001R0M	有效	2020-08-14		

续表

序号	高校	证书编号	状态	颁证日期	撤销/暂停日期	颁证机构
6	佛山科学技术学院	165IPG200002R0L	有效	2020-08-17		
7	安徽农业大学	165IPG200003R0L	有效	2020-10-23		
8	河北工业职业技术学院	165IPG200004R0M	有效	2020-12-25		
9	济宁市技师学院	165IPG200005R0M	暂停	2020-12-31	2021-12-31	
10	上海大学	165IPG210001R0L	有效	2021-06-02		
11	福建船政交通职业学院	165IPG210002R0M	有效	2021-07-20		
12	淮阴工学院	165IPG210003R0L	有效	2021-08-24		
13	河北科技大学	165IPG210004R0L	有效	2021-10-19		
14	河北化工医药职业技术学院	165IPG210005R0M	有效	2021-10-25		中知(北京)认证有限公司
15	巢湖学院	165IPG210006R0M	有效	2021-10-29		
16	中国地质大学	165IPG210007R0L	有效	2021-11-15		
17	河北地质大学	165IPG210008R0M	有效	2021-12-01		
18	广东职业技术学院	165IPG210009R0M	有效	2021-12-03		
19	中国石油大学(华东)	165IPG210010R0L	有效	2021-12-10		
20	沈阳航空航天大学	165IPG210011R0M	有效	2021-12-28		
21	华北理工大学	165IPG210012R0L	有效	2021-12-28		
22	嘉兴职业技术学院	165IPG220001R0M	有效	2022-01-03		
23	上海师范大学	18121IP9001R0M	有效	2021-07-13		
24	大连交通大学	18121IP9000R0M	有效	2021-07-14		中规(北京)认证有限公司
25	唐山学院	18121IP9002R0L	有效	2021-10-11		
26	河北工业大学	18121IP9003R0L	有效	2021-12-19		

续表

序号	高校	证书编号	状态	颁证日期	撤销/暂停日期	颁证机构
27	邢台职业技术学院	18121IP9004R0M	有效	2021-12-24		中规（北京）认证有限公司
28	武汉工程大学	18121IP9005R0L	有效	2021-12-27		
29	燕山大学	18120IP9000R0L	有效	2020-12-31		
30	内蒙古农业大学	18121IP9006R0L	有效	2021-12-31		
31	青岛大学	49819IP01614R0L	有效	2019-12-27		中审（深圳）认证有限公司
32	沈阳职业技术学院	51821GIP0001R0M	有效	2021-07-12		企知（北京）认证有限公司

数据来源：国家知识产权局网站。

五、高校知识产权贯标认证机构审核的基本方法

（1）审核员到认证范围覆盖的院系、重点项目组、图书馆等知识产权服务机构、大学科技园现场巡查，实地考察学校人力、基础设施等资源是否能够充分保障体系正常有效运行。

（2）查阅学校知识产权管理体系建立的相关记录文件、档案、规章制度，评价组织管理体系的建立、运行的符合性及有效性。

（3）与学校管理组织、项目组、科研机构、学院等相关部门负责人交谈，询问相关知识产权管理体系建立及运行的基本情况，以及与标准条款的符合、适宜程度等。

第三节　高校知识产权运营类问答

一、专利申请前评估制度如何落实

高校在专利申请提交前进行评估，是为了防止研发成果提前泄密及对技术成果进行规划布局，而更重要的是为了提升专利申请质量，防止保护范围窄、没有实际市场价值的职称专利和编造拼凑的专利等低质量专利提交申请。低质量专利会被驳回或被列入非正常申请，从而影响学校的声誉。通过专利申请评估委员会的把关，可以把一些有市场前景或者前沿的、有核心价值的基础型研发成果进行保护。专利申请评估委员会由校科研处、校地合作办公室、所在院系技术骨干、图书馆信息检索人员、学校知识产权运营管理中心或专利服务代理机构等人员组成。每月集中一批技术研发成果进行评估或专利申请人填写申请表格，申请表格需写明项目研发的技术背景、拟解决的技术问题、预计产生的市场价值，特别要注明预计可产业化的时间周期。

专利申请前的价值评估一直是高校遇到的难题，目前各个高校都在探索适合的途径。对专利价值的评估，应当找到行业技术领域专家，但是由于学校涉及的领域较广，找到合适的专家也不容易；另外每月一次集中评估费时费力，成本不低。有些高校尝试将该项工作委托第三方服务检索公司，每个专利价值由校外第三方公司出具评估报告和是否提交申请的意见，这需要高校具备一定的经济实力，需要额外预算一笔专利价值评估费用来做支撑，这并非高校能够或者愿意承担的。

为了促进转化，一些高校开始实行专利权人是学校、发明人具有署名权，并由个人缴纳专利申请费、维持年费的举措。专利没转化前一直由个人承担专利的所有费用，转化之后学校则按政策给予专利申请及维持费用2倍的补贴，转化的收益按照学校有关政策，如90%归个人，学校收取10%管理费。有些学校是100%的收益归个人，学校再给予转化价值的5%~10%作为补贴。这种举措等于客观上将费用压力和负担前置到发明人身上，增加了专利转化的急迫性；如果没有转化，专利费用会一直由发明人个人承担，无形中会浇灭盲目申请专利的冲动。

二、高校在专利运营过程中如何对现有专利进行分级管理

《高等学校知识产权管理规范》8.1分级管理条款规定："a）基于知识产权价值分析，建立分级管理机制；b）结合项目组建议，从法律、技术、市场维度对知识产权进行价值分析，形成知识产权分级清单；c）根据分级清单，确定不同级别知识产权处置方式与状态控制措施。"

"分级管理"条款中，其核心是如何进行现有专利的分级。条款b给出了实现路径："结合项目组的建议。"因为项目组技术人员最清楚本组提出的专利技术创新高度，以及其蕴含的市场价值，知识产权运营中心或者知识产权服务支撑机构可以提出该专利的文本质量、保护范围、剩余保护期限、法律状态等意见。高校可以让项目组和知识产权服务支撑机构分别各自对以上几个指标进行打分量化。根据每个专利的价值，按照一级专利20%、二级专利30%、三级专利50%进行分级管理。一级专利是权利稳定、创新程度高、市场前景广阔的高价值专利，需要重点地维持和管理，重点对外进行推介和合作，争取能获得较满意的专利转化经济价值；二级专利视其转化的进度，在动态管理中，经过一定的年限还是未有转化希望的，可调整为三级专利；三级专利基本都是可以"打包卖"的专利，在对外合作中可以以较低的价格进行处理，减轻高校专利的年费负担。

严格把控高校专利的入口，今后申请的专利一切都围绕着市场需求导向，不以转化为目的的专利申请基本都应拒之门外，确保高校专利的高价值，达到"专利不在于多，而在于精，在于能用"的良性运转状态。

三、如何在校企结合中体现专利转化等指标

现在许多高校教师在产学研中,首先没有从源头上体现出所在高校的地位和价值,仅仅考虑了个人的署名权。在产学研合作过程中,如果企业利用了学校的物质技术、数据、技术资料、实验设备、检验场地、技术团队等条件,可以在合作之初,就提出双方共同申请专利并明确专利权属属于双方共有,谁排名在前可由双方根据贡献大小来约定。企业利用专利转化所获得的经济价值直接体现了学校专利转化的成效。双方还可以约定收益的分配比例、分配方式,如专利占比股份(可在工商登记股东章程中进行明确和变更,体现出学校所持股份的比例)、分红比例等。

四、高校通过贯标是否就可以迅速提高高校的专利转化效果

通过实施高校贯标,可以实现高校全过程知识产权管理,提高科技创新能力,促进科技创新成果的价值实现。高校贯标仅是为提高高校知识产权管理水平、加快专利技术转化奠定了基础,提供了全新的思维路径和模式,是促进高校专利大幅度转化的"催化剂",但这肯定是一个不断摸索、转变、积累、提高的过程,这个过程绝非一蹴而就、立竿见影、包治百病。高校贯标从通过产学研合作过程中知识产权权属和收益分配的理念设计,到人才管理的商业秘密风险防范等关键环节的控制,可避免高校在产学研合作过程中容易发生的知识产权纠纷,可以说是"福虽未至,祸已远矣"。而从全校建立起各部门参与、各院系及知识产权服务机构辅助的管理构架、建立市场需求导向的专利申请前的价值评估机制、现有专利的分级管理机制、专利创新创造源头和市场布局的专利导航理念,无一不是给加快高校专利转化指明全新的高校创造及运营的新路径、新思路、新理念。只要转变知识产权的管理思路,构建专利运营人才团队,沿着《高等学校知识产权管理规范》指出的新路径持续贯彻、实施,高校专利的转化成效必定会开花结果,百尺竿头更进一步。

第四节 高校监督审核常见问题解答

一、什么是监督审核

国家认监委、国家知识产权局联合发布的《知识产权认证管理办法》第二十五条第一款规定:"认证机构应当在认证证书有效期内,对认证证书持有人是否持续满足认证要求进行监督审核。初次认证后的第一次监督审核应当在认证决定日期起 12 个月内进行,且两次监督审核间隔不超过 12 个月。每次监督审核内容无须与初次认证相同,但应当在认证证书有效期内覆盖整个体系的审核内容。"

监督审核是指认证机构对认证证书持有者的管理体系每年至少进行一次的例行审核,其目的是检查组织管理体系的运行情况,验证并确认其管理体系继续保持的资格和有效性。因此,在认证证书 3 年有效期内,高校应当配合认证机构接受两次监督审核。若未能接受第一次或第二次监督,认证证书则会暂停失效;暂停后会有 6 个月的暂停期,在暂停期内可以进行监督审核;若超过 6 个月未进行监督审核,暂停期满后便会撤销认证证书。撤销之后无法提出监督审核申请,只能重新申请初次认证。

二、高校为什么要做监督审核

1. 及时更新认证证书的信息

随着高校事业的不断发展,可能会出现校名的变更、场所的迁移、教学科研范围的变更等情况,这样原有证书的认证信息就不能很好地证明当前学校的实际发展情况。此时,学校通过监督审核可以向认证机构提出校名的变更、校址的迁移、认证范围的扩大或缩小等,经现场认证后可确定变化范围和内容,及时更改证书的认证信息。

2. 符合认证管理规定要求，维持认证证书的有效性

知识产权管理体系认证证书是高校重视知识产权、规范知识产权管理工作的重要体现。值得注意的是，维持证书的有效性（即需高校在有效期内进行监督审核）还是部分地区申请财政资金补贴或获得资助的必要条件。

3. 通过审核，发现工作的不足，帮助高校更好地运行体系

每年一次的监督审核能够更好地帮助高校发现知识产权管理体系在运行过程中的不足以及需要改进的地方，进一步规范高校的科研项目研发、知识产权运用、知识产权保护、人力资源、财务管理等各方面的管理工作。

同时认证机构在现场审核过程中也能带给高校更新更全面的知识产权管理工作的资讯，交流其他高校先进的管理运行经验，提出符合高校知识产权战略发展与规划的意见和建议。

三、认证机构什么时候通知高校进行监督审核

监督审核应至少每个日历年（应进行再认证的年份除外）进行一次。初次认证后的第一次监督审核应在认证决定日期起 12 个月内进行。认证机构会提前 3.5～4 个月以邮件形式给高校发送《关于开展监督审核的通知》，告知高校监审人日期、费用、时间及有关监督审核的要求。高校只要在初次认证决定日期起 12 个月内完成现场审核即可；若在规定时间内未完成，证书就会暂停（失效），暂停后 6 个月之内仍未进行监督审核，证书便会撤销。撤销之后不能继续进行监督审核，只能重新申请初次认证（证书状态可查阅国家市场监督管理局全国认证认可信息公共服务平台，网址为 http: //cx.cnca.cn/CertECloud/index/index/page）。

四、监督审核的流程有哪些

（1）高校收到邮件通知后，需要及时回复确认是否开展监督审核，如开展

则需要尽快在 5 个工作日之内缴纳监督审核费用，在 20 个工作日之内提交电子版监督审核申请材料。

（2）审核方在收到完整的材料和款项后，将安排审核员进行现场审核，审核时间确定后，审核员会提前 1～2 周主动联系学校，沟通协商现场审核事宜。

五、监督审核中高校需要提交哪些材料

依照邮件通知中附件《监督审核材料包》中的要求提供。主要包括获证组织信息表、事业单位法人证书和学校内部检查监督的文件。

六、监督审核的现场审核的安排有哪些

（1）审核依据：《高等学校知识产权管理规范》（GB/T 33251—2016）。

（2）高校需准备材料：高校在现场审核前需要准备提供有效版本的体系文件以及在运行期间的所有记录文件，以及上一年度开出的不符合项的验证，并且在监督审核前需要完成至少一次内部检查监督，并保留相关的记录及资料。

（3）审核内容：每次监督审核都会审核全条款中至少 60% 的条款。两次监督审核的审核条款会覆盖全条款全部门。在审核前一周审核员会给高校发送审核计划表。

（4）审核人员安排：每次监督审核的审核员都会重新安排，可能会有变动，若高校有特殊需求可以提出，审核方会尽量安排。

注意：高校申请在现场审核前务必完成内部检查监督并保留相关记录文件，若人员有变动，务必让相关人员了解知识产权管理体系，熟悉《高等学校知识产权管理规范》（GB/T 33251—2016）内容等文件。

（5）现场审核安排周期：自学校提交监督审核材料至审核员现场审核大约需要 15 个工作日。

七、监督审核是否需要辅导机构参与

需要高校根据自身情况来进行评估，如果该校知识产权管理体系在学校各部门运行良好，各项知识产权管理制度较为健全，知识产权管理部门能够熟悉和把控体系管理整个流程；知识产权管理已经成为各部门的日常工作，学校内部检查监督等各项工作正常进行，资料完整翔实，能够独立应对第三方认证机构的监督审核，高校可以不需要寻求辅导机构的协助。

但如果高校组织架构调整、人员变动比较大，体系在各部门、各学院运行存在一定的困难，特别是知识产权管理机构对整个管理体系运行还不太熟悉，不能把控整个体系的运行流程，许多程序文件的修订、体系运行的情况难以进行有效记录，又想维持认证证书的有效性，就需要委托专业的辅导机构进行辅导培训，确保监督审核能顺利通过。

八、高校贯标证书变更流程

高校名称或注册地址变更需提交的电子版材料：
（1）《证书变更申请书》（签字公章）；
（2）教育部（或省教育厅）出示的高校名称或注册地址变更公示文件；
（3）最新的事业单位法人证书；
（4）旧的体系证书邮寄回第三方认证机构；
（5）换证工本费100元整汇监审账号（注意：认证机构不接受个人汇款）。

体系覆盖地址变更或增加 / 认证范围扩大 / 体系覆盖人数和学院增加在收到监审材料后，需根据情况沟通具体事宜。

九、什么时候开具监督审核费用的发票

（1）开票条件：收到完整的费用和完整的开票信息。
（2）周期：1～3周。

（3）发票内容/名称：鉴证咨询服务 × 认证费。

（4）费用含税：可为一般纳税人开具6%税点的增值税专用发票。

十、监督审核与初审有什么不同

（1）无须签订合同。初审时签订的合同3年有效期，已约定监审的相关事宜。

（2）监审有时限要求。若未按照规定时间接受监督审核，证书便会暂停直至撤销。

十一、现场审核完成后什么时候颁发认证证书

（1）现场审核后高校应尽快配合给审核员提交相应的整改材料，审核员查阅后将案卷递交到技委会（出证部门）后才能进入出证环节。

（2）若证书中信息没有变更，认证公司的专家技术委员会在由案卷评审人员评审完案卷后制作、邮寄、颁发纸质版的监督审核合格通知书和审核报告。

（3）若证书中信息有发生变更的（学校名称、地址、范围、人数等），需要收回旧证书和缴纳100元换证工本费，才会一并邮寄新证、监审合格通知书和审核报告。

（4）周期：现场审核后大约1周。

参考文献

[1] 刘凤，张明瑶，康凯宁，等.高校职务科技成果混合所有制分析——基于产权理论视角[J].中国高校科技，2017（9）：16-20.

[2] 万志前，朱照照.论职务科技成果转化利益分配的约定优先原则[J].华中农业大学学报（社会科学版），2017（3）：124-131.

[3] 翟晓舟.职务科技成果转化收益配置中的权责规范化研究[J].科技进步与对策，2019，36（20）：128-133.

[4] 刘群彦.职务科技成果产权激励的法经济学思辨——从经验命题到价值命题的理论选项[J].中国高校科技，2019（7）：87-90.

[5] 张明.职务发明人合理分享创新收益的实现路径研究[J].科学学研究，2020，38（11）：2087-2096.

[6] 刘鑫.专利权益分配的伦理正义论[J].知识产权，2020（9）：47-60.

[7] 中国科技评估与成果管理研究会，国家科技评估中心，中国科学技术信息研究所.中国科技成果转化年度报告2020（高等院校与科研院所篇）[M].北京：科学技术文献出版社，2021.

[8] 许倞，贾敬敦.2020全国技术市场统计年报[M].北京：兵器工业出版社，2020.

附 录

附录一 高等学校知识产权管理规范
（GB/T 33251—2016）

1 范围

本标准规定了高校知识产权的文件管理、组织管理、资源管理、获取、运用、保护、检查和改进等要求。

本标准适用于我国各类高校的知识产权管理，其他教育组织可参照执行。

2 规范性引用文件

下列文件对于本文件的应用是必不可少的。凡是注日期的引用文件，仅注日期的版本适用于本文件。凡是不注日期的引用文件，其最新版本（包括所有的修改单）适用于本文件。

GB/T 19000 质量管理体系 基础和术语

3 术语和定义

GB/T 19000 界定的以及下列术语和定义适用于本文件。

3.1

知识产权 intellectud property

自然人或法人对其智力活动创造的成果依法享有的权利，主要包括专利权、商标权、著作权、集成电路布图设计权、地理标志权、植物新品种权、未披露的信息专有权等。

3.2

教职员工 faculty and staff

高校任职的教师、职员、临时聘用人员、实习人员，以高校名义从事科研活动的博士后、访问学者和进修人员等。

3.3

学生 student

被学校依法录取、具有学籍的受教育者。

3.4

科研项目 research project

由高校或其直属机构承担，在一定时间周期内进行科学技术研究活动所实施的项目。

3.5

项目组 project team

完成科研项目的组织形式，是隶属于高校的、相对独立地开展研究开发活动的科研单元。

3.6

知识产权专员 intellectual property specialist

具有一定知识产权专业能力，在科研项目中承担知识产权工作的人员。

3.7

专利导航 patent-based navigation

在科技研发、产业规划和专利运营等活动中，通过利用专利信息等数据资源，分析产业发展格局和技术创新方向，明晰产业发展和技术研发路径，提高决策科学性的一种模式。

4 文件管理

4.1 文件类型

知识产权文件包括：
a) 知识产权组织管理相关文件；
b) 人力资源、财务资源、基础设施、信息资源管理过程中的知识产权文件；

c）知识产权获取、运用、保护等文件；
d）知识产权相关的记录文件、外来文件。

注1：上述各类文件可以是纸质文档，也可以是电子文档或音像资料。
注2：外来文件包括法律法规、行政决定、司法判决、律师函件等。

4.2 文件控制

知识产权文件是高校实施知识产权管理的依据，应确保：
a）发布前经过审核和批准；
b）文件内容表述明确、完整；
c）保管方式和保管期限明确；
d）按文件类别、秘密级别进行管理，易于识别、取用和阅读；
e）对因特定目的需要保留的失效文件予以标记。

5 组织管理

5.1 校长

校长（或院长）是高校知识产权工作的第一责任人，承担以下职责：
a）批准和发布高校知识产权目标；
b）批准和发布知识产权政策、规划；
c）审核或在其职责范围内决定知识产权重大事务；
d）明确知识产权管理职责和权限，确保有效沟通；
e）确保知识产权管理的保障条件和资源配备。

5.2 管理委员会

成立有最高管理层参与的知识产权管理委员会，全面负责知识产权管理事务，承担以下职责：
a）拟定与高校科学研究、社会服务、人才培养、文化传承创新相适应的知识产权长期、中期和短期目标；
b）审核知识产权政策、规划、并监督执行情况；
c）建立知识产权绩效评价体系，将知识产权作为高校绩效考评的评价指标之一；
d）提出知识产权重大事务决策议案；
e）审核知识产权重大资产处置方案；
f）统筹协调知识产权管理事务。

5.3 管理机构

建立知识产权管理机构，配备专职工作人员，并承担以下职责：

a）拟定知识产权工作规划并组织实施；

b）拟定知识产权政策文件并组织实施，包括知识产权质量控制，知识产权运用的策划与管理等；

c）提出知识产权绩效评价体系的方案；

d）建立专利导航工作机制，参与重大科研项目的知识产权布局；

e）建立知识产权资产清单和知识产权资产评价及统计分析体系，提出知识产权重大资产处置方案；

f）审查合同中的知识产权条款，防范知识产权风险；

g）培养、指导和评价知识产权专员；

h）负责知识产权日常管理，包括知识产权培训，知识产权信息备案，知识产权外部服务机构遴选、协调、评价工作等。

注：重大科研项目由高校自行确定。

5.4 服务支撑机构

建立知识产权服务支撑机构，可设在图书馆等高校负责信息服务的部门，或聘请外部服务机构，承担以下职责：

a）受知识产权管理机构委托，提供知识产权管理工作的服务支撑；

b）为知识产权重大事务、重大决策提供服务支撑；

c）开展重大科研项目专利导航工作，依需为科研项目提供知识产权服务支持；

d）受知识产权管理机构委托，建设、维护知识产权信息管理平台，承担知识产权信息利用培训和推广工作；

e）承担知识产权信息及其他数据文献情报收集、整理、分析工作。

5.5 学院（系）

各校属学院（系）、直属机构应配备知识产权管理人员，协助院系、科研机构负责人承担本部门以下职责：

a）知识产权计划拟订和组织实施；

b）知识产权日常管理，包括统计知识产权信息并报送知识产权管理机构备案等。

注：科研机构包括重点实验室、工程中心、工程实验室以及校设研究中心等。

5.6 项目组

5.6.1 项目组长

项目组长负责所承担科研项目的知识产权管理，包括：

a）根据科研项目要求，确定知识产权管理目标并组织实施；
b）管理科研项目知识产权信息；
c）定期报告科研项目的知识产权工作情况；
d）组织项目组人员参加知识产权培训。

5.6.2 知识产权专员

重大科研项目应配备知识产权专员，负责：

a）科研项目专利导航工作；
b）协助项目组长开展知识产权管理工作。

5.7 知识产权顾问

根据知识产权管理需要，可聘请有关专家为学校知识产权顾问，为知识产权重大事务提供决策咨询意见。

6 资源管理

6.1 人力资源

6.1.1 人事合同

人事合同中应明确知识产权内容，包括：

a）在劳动合同、聘用合同、劳务合同等各类合同中约定知识产权权属、奖励报酬、保密义务等；明确发明创造人员享有的权利和承担的义务，保障发明创造人员的署名权；明确教职员工造成知识产权损失的责任。

b）对新入职教职员工进行适当的知识产权背景调查，形成记录；对于与知识产权关系密切的岗位，应要求新入职教职员工签署知识产权声明文件。

c）对离职、退休的教职员工进行知识产权事项提醒，明确有关职务发明的权利和义务；涉及核心知识产权的教职员工离职退休时，应签署知识产权协议，进一步明确约定知识产权归属和保密责任。

6.1.2 培训

组织开展知识产权培训，包括以下内容：

a）制定知识产权培训计划；
b）组织对知识产权管理人员、知识产权服务支撑机构人员、知识产权专员等进行培训；

c）对承担重大科研项目的科研人员进行知识产权培训；

d）组织对教职员工进行知识产权培训。

6.1.3 激励与评价

建立激励与评价机制，包括：

a）建立符合知识产权工作特点的职称评定、岗位管理、考核评价制度，将知识产权工作状况作为对相关院系、科研机构及教职员工进行评价、科研资金支持的重要内容和依据之一；

b）建立职务发明奖励报酬制度，依法对发明人给予奖励和报酬，对为知识产权运用做出重要贡献的人员给予奖励。

6.1.4 学生管理

加强学生的知识产权管理，包括：

a）组织对学生进行知识产权培训，提升知识产权意识；

b）学生进入项目组，应对其进行知识产权提醒；

c）学生因毕业等原因离开高校时，可签署知识产权协议或保密协议；

d）根据需要面向学生开设知识产权课程。

6.2 财务资源

设立经常性预算费用，可用于：

a）知识产权申请、注册、登记、维持；

b）知识产权检索、分析、评估、运营、诉讼；

c）知识产权管理机构运行；

d）知识产权管理信息化；

e）知识产权信息资源；

f）知识产权激励；

g）知识产权培训；

h）其他知识产权工作。

6.3 资源保障

加强知识产权管理的资源保障，包括：

a）建立知识产权管理信息化系统；

b）根据需要配备软硬件设备、教室、办公场所相关资源，保障知识产权工作的运行。

6.4 基础设施

加强基础设施的知识产权管理，包括：

a）采购实验设备、软件、用品、耗材时明确知识产权条款，处理实验用过物品时进行相应的知识产权检查，避免侵犯知识产权；

b）国家重大科研基础设施和大型科研仪器向社会开放时，应保护用户身份信息以及在使用过程中形成的知识产权和科学数据，要求用户在发表著作、论文等成果时标注利用科研设施仪器的情况；

c）明确可能造成泄密的设备，规定使用目的、人员和方式；明确涉密区域，规定参访人员的活动范围等。

6.5 信息资源

加强信息资源的知识产权管理：

a）建立信息收集渠道，及时获取知识产权信息；
b）对知识产权信息进行分类筛选和分析加工，并加以有效利用；
c）明确涉密信息，规定保密等级、期限和传递、保存、销毁的要求；
d）建立信息披露的知识产权审查机制，避免出现侵犯知识产权情况或造成知识产权流失。

7 知识产权获取

7.1 自然科学类科研项目

7.1.1 选题

选题阶段的知识产权管理包括：

a）建立信息收集渠道，获取拟研究选题的知识产权信息；
b）对信息进行分类筛选和分析加工，把握技术发展趋势，确定研究方向和重点。

7.1.2 立项

立项阶段的知识产权管理包括：

a）进行专利信息、文献情报分析，确定研究技术路线，提高科研项目立项起点；
b）识别科研项目知识产权需求，进行知识产权风险评估，确定知识产权目标；
c）在签订科研项目合同时，明确知识产权归属、使用、处置、收益分配等条款；
d）对项目组人员进行培训，必要时可与项目组人员签订知识产权协议，明确保密条款；
e）重大科研项目应明确专人负责专利信息、文献情报分析工作。

7.1.3 实施

实施阶段的知识产权管理包括：

a）跟踪科研项目研究领域的专利信息、文献情报，适时调整研究方向和技术路线；
b）及时建立、保持和维护科研过程中的知识产权记录文件；
c）项目组成员在发布与本科研项目有关的信息之前，应经项目组负责人审查；

d）使用其他单位管理的国家重大科研基础设施和大型科研仪器时，应约定保护身份信息以及在使用过程中形成的知识产权和科学数据等内容；

e）及时评估研究成果确定保护方式，适时形成知识产权；对于有重大市场前景的科研项目，应以运用为导向，做好专利布局、商业秘密保护等。

7.1.4 结题

结题阶段的知识产权管理包括：

a）提交科研项目成果的知识产权清单，包括但不限于专利、文字作品、图形作品和模型作品、植物新品种、计算机软件、商业秘密、集成电路布图设计等；

b）依据科研项目知识产权需求和目标，形成科研项目知识产权评价报告；

c）提出知识产权运用建议。

7.2 人文社会科学类科研项目

加强人文社会科学类科研项目管理，特别是创作过程中产生的职务作品的著作权管理，包括：

a）在签订科研项目合同时，应签订著作权归属协议或在合同中专设著作权部分，明确约定作品著作权的归属、署名、著作权的行使，对作品的使用与处置、收益分配，涉及著作权侵权时的诉讼、仲裁解决途径等；

b）对项目组人员进行培训，并与项目组人员签订职务作品著作权协议，约定作品的权利归属；必要时应采取保密措施，避免擅自先期发表、许可、转让等；

c）创作完成时提交科研项目成果，包括但不限于论文、著作、教材、课件、剧本、视听作品、计算机程序等。

注：自然科学一般包括理学、工学、农学和医学；人文社会科学一般包括哲学、经济学、法学、教育学、文学、历史学、军事学、管理学和艺术学。

7.3 其他

加强其他方面的知识产权管理，包括：

a）规范校名、校标校徽、域名及服务标记的使用，需要商标保护的应及时申请注册；

b）建立非职务发明专利申请前登记工作机制；

c）规范著作权的使用和管理，加强学位论文和毕业设计的查重检测工作，明确教职员工和学生在发表论文时标注主要参考文献、利用国家重大科研基础设施和大型科研仪器情况的要求。

8 知识产权运用

8.1 分级管理

加强知识产权分级管理，包括：
a）基于知识产权价值分析，建立分级管理机制；
b）结合项目组建议，从法律、技术、市场维度对知识产权进行价值分析，形成知识产权分级清单；
c）根据分级清单，确定不同级别知识产权的处置方式与状态控制措施。

8.2 策划推广

加强知识产权策划推广，包括：
a）基于分级清单，对于有转化前景的知识产权，评估其应用前景，包括潜在用户、市场价值、投资规模等；评估转化过程中的风险，包括权利稳定性，市场风险等。
b）根据应用前景和风险的评估结果，综合考虑投资主体、权利人的利益，制定转化策略。
c）通过展示、推介、谈判等建立与潜在用户的合作关系。
d）结合市场需求，进行知识产权组合并推广。
e）鼓励利用知识产权创业。

8.3 许可和转让

在知识产权许可或转让时，应遵循下列要求：
a）许可或转让前确认知识产权的法律状态及权利归属，确保相关知识产权的有效性；
b）调查被许可方或受让方的实施意愿，防止恶意申请许可与购买行为；
c）许可或转让应签订书面合同，明确双方的权利和义务；
d）监控许可或转让过程，包括合同的签署、备案、变更、执行、中止与终止，以及知识产权权属的变更等，预防与控制交易风险。

8.4 作价投资

在利用知识产权作价投资时，应遵循下列要求：
a）调查合作方的经济实力、管理水平、生产能力、技术能力、营销能力等实施能力；
b）对知识产权进行价值评估；
c）明确受益方式和分配比例。

9 知识产权保护

9.1 合同管理

加强合同中的知识产权管理,包括:

a)对合同中有关知识产权的条款进行审查;

b)检索与分析、申请、诉讼、管理咨询等知识产权对外委托业务应签订书面合同,并约定知识产权权属、保密等内容;

c)明确参与知识产权联盟、协同创新组织等情况下的知识产权归属、许可转让及利益分配、后续改进的权益归属等事项。

9.2 风险管理

规避知识产权风险,主动维护自身权益,包括:

a)及时发现和监控知识产权风险,制定有效的风险规避方案,避免侵犯他人知识产权;

b)及时跟踪和调查相关知识产权被侵权的情况,建立知识产权纠纷应对机制;

c)在应对知识产权纠纷时,评估通过行政处理、司法诉讼、仲裁、调解等不同处理方式对高校产生的影响,选取适宜的争议解决方式,适时通过行政和司法途径主动维权;

d)加强学术交流中的知识产权管理,避免知识产权流失。

10 检查和改进

10.1 检查监督

定期开展检查监督,确保知识产权管理活动的有效性。

10.2 绩效评价

根据高校的知识产权绩效评价体系要求,定期对校属部门、学院(系)、直属机构等进行绩效评价。

10.3 改进提高

根据检查、监督和绩效评价的结果,对照知识产权目标,制定和落实改进措施。

项目编号：
版本号：20190601 版

附录二　知识产权管理体系认证合同*

委托方（以下称"甲方"）：××大学

法定代表人：

地址：

邮编：　　电话：　　传真：

联系人：

电子信箱：

认证方（以下称"乙方"）：知产（北京）认证服务有限公司

法定代表人：

开户行：

账号：

地址：

邮编：

电话：

联系人：

联系人电话：

依据《中华人民共和国民法典》之规定，甲乙双方就管理体系认证项目，经平等协商，在真实、充分地表达各自意愿的基础上，签订本合同，双方共同遵守履行。双方确认，在签订本合同之前，已经充分知悉并了解本合同全部定义、条款之内容。

1. 标的
1.1 认证依据、服务项目
根据甲方申请，乙方依据
☑ GB/T 33251—2016

---

* 参见《管理体系认证合同》《认证合同》，载自网络。

☑ 甲方按上述标准建立的体系手册及有关文件
☑ 有关法律法规

对甲方的知识产权管理体系实施审核，根据审核结果决定是否同意甲方取得或保持认证注册资格。

1.2 认证类型
☐ 初次认证　　☑ 再认证　　☐ 变更　　☐ 其他

1.3 认证范围

1.3.1 认证产品/活动范围
甲方本次申请高校知识产权管理体系认证的管理体系覆盖的范围及主要过程：

注：以上范围尚需经现场审核进一步确认，最终以乙方认证决定后正式出具的认证证书为准。

1.3.2 组织和区域范围
甲方知识产权管理体系覆盖的职能部门（包括分校/联合办学等与体系相关职能部门）共＿＿个，其中全部地址有＿＿处，全部详细地址分别为：＿＿＿＿＿＿＿；不与总部在同地办公的地址数量＿＿个（具体情况请填写附表1：《多场所分布表》；若需要子证书，请填写附表2：《本次认证所含子证书名单》）。

注：体系覆盖范围包括多个场所或多个法人组织时，甲方应与其他场所或法人组织签署文件/协议。该文件/协议应具有法律效力，并已证明认证的所有要求和本合同的内容在体系覆盖的范围内得到落实，甲方对违反认证要求及认证合同的行为承担责任。

1.3.3 认证范围内人数
甲方总人数＿＿＿＿人，知识产权管理体系所覆盖总人数为＿＿＿＿人。

1.3.4 标准删减的内容及其说明：覆盖国家标准《企业知识产权管理规范》（GB/T 33251—2016）中除了＿＿＿＿＿＿＿＿＿＿以外的其余全部条款。

2. 审核日期及审核人日

2.1 审核日期：甲方希望启动认证审核日期：＿＿＿＿；最终审核时间以双方确定的审核计划为准。

2.2 审核人日数：第一阶段审核＿＿人·日，第二阶段审核＿＿人·日，监督审核＿＿人·日。

2.3 甲方获得认证证书后，证书有效期为3年。在证书有效期内，甲方应接受并配合乙方实施两次监督审核。在一个为期三年的认证周期内，监督审核应在初次审核或再认证现场审核结束后的每12个月内进行一次，且每次审核间隔期不能超过12个月。当甲方出现本合同4.2.12所列情形时，乙方可酌情增加监督审核的频次。

2.4 甲方再认证的全部工作应在认证证书有效期满前完成，且与上次审核时间间隔不超过12个月。为保持认证资格的连续性，甲方应在证书到期前3个月提出再认证申请，并重新签订认证合同。甲方应在证书有效期内关闭再认证审核中发现的不符合项，乙方据此做

出再认证决定。

3. 费用

本合同涉及的审核费用依据为国家有关部门批准的计价标准。

3.1 初次认证费用及支付方式：

☐ 认证申请费：¥____元；

☐ 审定与注册费：¥____元；

☐ 审核费：¥____/（人·日），小计¥____元；

☑ 管理年金：初次认证第一年免收管理年金；

☐ 加印证书（每张证书100元）：加印____张，¥____元；

☐ 其他费用：____费，¥____元；

上述费用合计：____元整（¥____元），甲方应于双方签订合同之日起五个工作日内一次性支付给乙方（如甲方未能取得证书，则乙方退还审定与注册费），乙方收到费用后安排审核。

3.2 每年监督审核费（在组织体系不发生重大变化的情况下）：¥____元/次，管理年金：¥____元/年，合计____元整（¥____元），甲方在每次收到监督审核通知书之日起五个工作日之内将上述费用一次性支付给乙方，乙方收到费用后安排监督审核。如果甲方未能及时足额向乙方交纳上述费用，则乙方有权不进行监督审核，待甲方交齐费用后再进行审核，所需时间相应顺延，所造成的影响由甲方自行负责。

3.3 其他费用

3.3.1 每次现场审核时，乙方派出审核组成员的食、宿及往返交通费均由甲方承担。

3.3.2 由于甲方管理体系变更、发生重大投诉、违反知识产权管理体系相关的国家法律法规或其他可能影响认证有效性的重大事故，可能影响到甲方管理体系持续符合认证标准时，乙方将增加监督审核次数，并适当增加审核费用。

3.3.3 现场审核时，如发现人数、场所、项目与实际情形不符，或对审核组开具的严重不合格进行现场验证，或获证后认证范围发生重大变更，或申请认证范围扩大时，乙方将根据甲方实际情况，重新核定审核人日数。由此导致审核人日数增加的，甲方还需向乙方补充支付由于审核人日数增加所引发增加的审核费用。

3.3.4 因甲方自身原因（不符合标准要求、严重不符合等）而导致不能完成注册时，甲方仍应支付已发生的相关费用，如文件评审、现场审核等费用。

3.3.5 当认证相关的国家法律法规及其他要求发生变化，导致额外增加审核工作量时，乙方将适当收取相应审核费用。

4. 甲方的权利和义务

4.1 甲方的权利

4.1.1 甲方对乙方的现场审核、审核结论、审核人员的行为、审核的公正性及泄露甲方保密信息、认证证书的暂停和撤销等有权向乙方提出申诉/投诉，如对处理结果持有异议，可向乙方的"管理委员会"直至中国国家认证认可监督管理委员会（CNCA）提出申诉/投诉。

4.1.2 通过认证后，甲方享有按规定正确使用其管理体系认证证书和标志以及正确对外广告宣传其获得管理体系认证注册资格的权利。

4.1.3 甲方享有由于获准认证以及合理使用认证标志取得的经济利益。

4.2 甲方的义务

4.2.1 甲方应始终遵守认证认可相关法律法规与乙方的相关认证程序等规定。

4.2.2 甲方应建立并持续有效运行企业知识产权管理体系。

4.2.3 甲方在认证审核前，其管理体系应至少已运行三个月并至少完成一次检查监督方可实施正式审核。

4.2.4 甲方应按乙方要求及时提供真实、完整的相关管理体系文件及其他相关资料，并承担不真实、不及时信息所引发的责任。

4.2.5 甲方应提供审核所需的工作条件并积极配合乙方工作，确保审核工作顺利进行。

4.2.6 甲方应按合同的约定按时向乙方支付费用。

4.2.7 甲方应正确使用认证证书、认证标志和有关信息；不得擅自利用体系认证证书和相关文字、符号误导公众认为其产品或服务通过认证。在证书被暂停期间，应停止相关认证资质的宣传及证书和认证标志的使用。认证证书被撤销或注销时，应立即停止使用任何有关认证资格的行为和活动，并将原证书及副本交还乙方。

4.2.8 甲方宣传与认证结果有关的事项不应损害乙方的声誉。

4.2.9 在调查投诉、事故、变更认证、对暂停认证进行追踪等特殊情况下应接受乙方开展的现场审核。

4.2.10 有义务协助认可机构、国家认证监管部门开展的见证审核、确认审核、监督检查等，对有关事项的询问和调查如实提供相关材料和信息（注：见证评审、确认审核以及监督检查所发生的交通费用和差旅费用无须甲方支付）。

4.2.11 在获证后维持体系持续有效运行。在证书有效期内，接受并配合乙方实施监督审核。在一个为期三年的认证周期内，监督审核应在初次审核或再认证现场审核结束后的每12个月内进行一次，且每次审核间隔期不能超过12个月。同时，甲方应按本合同约定支付相应的监督审核费用。

4.2.12 甲方应在认证证书有效期内向乙方通报认证体系的重大变更，包括但不限于：

A. 重大体系相关事故与投诉。

B. 生产的产品或服务被行政机关认定不符合法定要求。

C. 发生与知识产权相关重大事件。

D. 相关情况发生变更，包括：法律地位、生产经营状况、组织状态或所有权变更；取得的行政许可资格、强制性认证或其他资质证书变更；法定代表人、最高管理者、管理者代表变更；生产经营或服务的工作场所变更；管理体系覆盖的认证范围、地址的变更；管理体系和重要过程的重大变更等。

E. 适用的法律法规要求的变更信息。

F. 在乙方要求时，向乙方提供所有甲方收到有关投诉的记录和依据体系标准或其他规范性文件的要求所采取的纠正措施的记录。

G. 出现影响体系运行的其他重要情况。

4.2.13 以上变更须在情况发生后的五个工作日内向乙方通报，乙方将按照认证认可规范的有关规定视情况采取相应的措施（包括调整对甲方认证监督周期、方式及有关内容、暂停或撤销认证证书等）。若甲方未在规定时限内通报乙方，则乙方有权先行暂停认证证书，并将保留追究相关法律责任的权利或者其他措施。

甲方如果是两个或两个以上组织，建立共同管理体系，甲方在本合同中所覆盖的每一组织都有履行本合同法律责任的义务。无论哪个组织违反认证要求或本合同时，都由甲方承担责任和由此引发的后果。

5. 乙方的权利和义务

5.1 乙方的权利

5.1.1 乙方有权利依据法律、行政法规及有关规定独立、公正、客观地为甲方提供认证服务。

5.1.2 如甲方管理体系、业务范围发生本合同 4.2.12 所列重大变化或异常情况时，乙方将告知甲方并确认后增加监督审核频次。

5.1.3 如果甲方在认证证书有效期内发生下列情况之一者，乙方将按规定暂停认证证书的使用，并要求限期（最长期限为不超过 6 个月）纠正，纠正经验证有效后乙方将通知甲方允许继续使用认证证书。同时，甲方在证书暂停期内，应停止相关认证资质的宣传及证书和标志的使用：

A. 获证的管理体系持续地或严重地不满足认证要求，包括对体系运行有效性要求。

B. 在监督审核中发现的不符合项，在商定的时间内采取的纠正、纠正措施未被接受（或未被证实有效）。

C. 不能在规定的时限内接受监督审核或再认证审核。

D. 未按要求使用签发的管理体系证书和认证标志。

E. 管理体系发生重大变更已不满足原认证覆盖范围要求，未及时通知乙方得到妥善处理。变更情况包括：法律地位、生产经营状况、组织状态或所有权变更；取得的行政许可资格、强制性认证或其他资质证书变更；法定代表人、最高管理者、管理者代表变更；生产经营或服务的工作场所变更；管理体系覆盖的活动范围变更；管理体系和重要过程的重大变更等。

F. 发生与管理体制相关的重大事故，或国家行业监察发现重大问题。

G. 被有关执法监管部门责令停业整顿或者其他重大处罚措施。

H. 被地方认证监管部门发现体系运行存在问题。

I. 持有的行政许可证明、资质证书、强制性认证证书等过期失效，重新提交的申请已被受理但尚未换证的情况。

J. 对其投诉或任何其他信息证实表明获证组织不再符合国家法律法规的相关规定．

K. 未按规定及时交纳有关认证费用。

L. 不履行认证合同约定的义务和责任。

M. 获证客户主动请求暂停。

N. 其他影响管理体系有效性的情况。

5.1.4 甲方出现下列情况之一者，乙方将撤销其认证／注册资格，甲方应将原证书及副本交回乙方：

A. 审核未通过，没有运行管理体系或者已不具备运行条件；

B. 严重违反国家法律法规的有关规定；

C. 发生重大事故，造成严重不良社会影响的，经调查（审核）造成事故的原因是因为组织管理体系存在严重缺陷或组织未能在暂停期内就重大事故的原因进行调查并采取有效的纠正措施；

D. 拒绝配合认证监管部门实施监督检查，或者对有关事项的询问和调查提供了虚假材料或信息；

E. 获证组织法律地位证明文件被注销或撤销；

F. 在暂停认证证书的限期内未能对导致暂停的问题实施有效地纠正；

G. 暂停认证证书的期限已满，持有的行政许可证明、资质证书、强制性认证证书等已经过期失效但申请未获批准；

H. 获证客户主动要求撤销证书；

I. 未按规定及时交纳有关认证费用；

J. 未按相关规定正确引用和宣传获得的认证信息，造成严重影响或后果；

K. 其他重大影响管理体系有效性的情况。

5.1.5 乙方有权公布甲方管理体系认证的获证，证书的暂停和撤销状态。当甲方认证注册资格被暂停或撤销时，乙方有权在网站及相关媒体上公布或声明暂停或撤销相应认证证书的信息，同时按规定程序上报国家认监委，并采取有效监督措施避免无效认证证书和认证标志被继续使用。

5.2 乙方的义务

5.2.1 乙方应按时组织实施管理体系审核工作，并提前将审核计划通知甲方，并经甲方确认。

5.2.2 乙方应按认证认可有关规定选派审核组成员，并经甲方确认。

5.2.3 乙方应公正、科学、客观、实事求是地提出问题和处理问题。

5.2.4 乙方应具备认证资质，并且符合法律法规的要求。

5.2.5 乙方应向甲方提供资格证明文件及有关公开性文件。

5.2.6 乙方根据认证、再认证及监督审核的结果，应及时做出是否授予、保持、更新、扩大、缩小、暂停或撤销认证注册资格的决定，并办理相关手续及核发相关证书。

5.2.7 甲方获证后，乙方应定期对其体系实施监督审核和按期实施再认证换证审核。

5.2.8 当认证要求发生变更时，乙方应及时通知甲方，并验证甲方是否符合新的要求。

6. 认证风险及违约责任

6.1 甲方建立的管理体系，如达不到或不能持续满足标准要求或认可规范的规定要求或未按规定时间交纳认证费，将承担不能取得或暂停或撤销认证注册资格的风险。

6.2 乙方按照国家认证认可规范进行审核，若出现违反认证认可规范的行为则按照国家认证认可有关规定承担相应的责任。

6.3 甲方应按照认证证书的使用范围使用认证证书和认证标志，甲方应承担因认证证书误用或认证标志使用不当而引起的有关法律责任。已经被暂停、撤销/注销认证资格的组织，如继续使用标识、标志、认证证书或声明认证有效，乙方有权要求其承担由此给乙方造成的全部损失及相关法律责任。

6.4 在认证过程中，甲方因乙方责任的任何损失，其索赔的赔偿费将不得超过甲方已向乙方支付的认证费用和监督审核费用。

6.5 在认证过程中，如甲方违反本合同规定的义务（包括但不限于所提供资料存在虚假记载、误导性陈述或重大遗漏）或者由于任何不可归因于乙方的原因提出终止合同，应向乙方支付本合同约定认证审核费 15% 的违约金。如甲方严重违反前述义务导致乙方遭受重大经济损失，则乙方有权解除本合同，且甲方应当全额赔偿乙方的经济损失。

7. 保密原则

乙方不得将甲方经营、生产状况及技术信息以任何方式泄露给第三方，但下列情况除外：

A. 合同签署前乙方在不违反任何保密责任情况下得到的消息；

B. 甲方已公开或者通过公开途径可以获知的资料；

C. 法律另有要求时；

D. 认可机构要求；

E. 国家行政主管部门或有管辖权的司法机构和仲裁机关作出判决、裁定、裁决等司法文书要求时。

8. 适用法律和争议处理

本合同的签署、解释和履行适用中华人民共和国法律。

因本合同引起的或与本合同有关的争议，双方应本着友好协商的原则加以解决；若协商不成，可向北京仲裁委员会申请仲裁。

9. 合同的生效、变更与终止

9.1 合同生效

9.1.1 本合同经双方加盖公章后生效，至甲乙双方在本合同项下的权利义务及与本合同有关的债权、债务履行完毕之日止。

9.1.2 以下附表是为本合同的组成部分，与本合同条款具有同等法律效力。

☐ 附表 1– 多场所分布表

☐ 附表 2– 本次认证所含子证书名单

乙方制定的有关实施方案作为本合同不可分割的组成部分与本合同具有相同的法律效力。

9.1.3 本合同一式 贰 份，甲、乙方各执 壹 份，每份均具有同等的法律效力。

9.2 合同变更

9.2.1 本合同不得随意更改或涂改，如有更改需经双方授权代表签字及加盖公章予以认可。

9.2.2 在合同执行期间，若有变更可采用《组织信息确认函》，目的在于确认与当次审核有关的各类信息，视为本合同的补充内容，补充内容与本合同不一致的地方以补充内容为准，未尽事宜甲、乙双方另行协商，并签订补充合同，且补充内容或补充合同作为本合同不可分割的组成部分与本合同具有同等的法律效力。

9.3 合同终止

9.3.1 自行终止

待甲、乙双方按本合同要求履行完各自的权利和义务后，本合同自行终止。

乙方对甲方的认证结论为不合格后，本合同自行终止。注销或撤销认证证书的同时，本合同书终止，但违约责任、争议处理等条款继续有效。

9.3.2 紧急终止

由于不可抗力（自然的和国家重大政策调整等）的紧急发生造成双方无法履行本合同时，本合同应紧急终止，有关善后事宜双方可另行协商。

9.3.3 协议终止

本合同自签订之日生效后，如甲方欲终止合同，应在证书到期前 3 个月提出申请。

甲方（盖章）：	乙方（盖章）：
××××大学	知产（北京）认证服务有限公司
法定代表人	法定代表人
或授权代表（签章）	或授权代表（签章）
年　月　日	年　月　日

附录三　教育部　国家知识产权局　科技部
关于提升高等学校专利质量　促进转化运用的若干意见*

教科技〔2020〕1号

各省、自治区、直辖市教育厅（教委）、知识产权局（知识产权管理部门）、科技厅（委、局），新疆生产建设兵团教育局、知识产权局、科技局，有关部门（单位）教育司（局）、知识产权工作管理机构、科技司，部属各高校、部省合建各高校：

《国家知识产权战略纲要》颁布实施以来，高校知识产权创造、运用和管理水平不断提高，专利申请量、授权量大幅提升。但是与国外高水平大学相比，我国高校专利还存在"重数量轻质量""重申请轻实施"等问题。为全面提升高校专利质量，强化高价值专利的创造、运用和管理，更好地发挥高校服务经济社会发展的重要作用，现提出如下意见。

一、总体要求

（一）指导思想

以习近平新时代中国特色社会主义思想为指导，全面贯彻党的十九大和十九届二中、三中、四中全会精神，落实全国教育大会部署，坚持新发展理念，紧扣高质量发展这一主线，深入实施创新驱动发展战略和知识产权强国战略，全面提升高校专利创造质量、运用效益、管理水平和服务能力，推动科技创新和学科建设取得新进展，支撑教育强国、科技强国和知识产权强国建设。

（二）基本原则

坚持质量优先。牢牢把握知识产权高质量发展的要求，坚持质量优先，找准突破口，增强针对性，始终把高质量贯穿高校知识产权创造、管理和运用的全过程。

突出转化导向。树立高校专利等科技成果只有转化才能实现创新价值、不转化是最大损失的理念，突出转化应用导向，倒逼高校知识产权管理工作的优化提升。

---

* 教育部，国家知识产权局，科技部.关于提升高等学校专利质量　促进转化运用的若干意见［EB/OL］.（2020-2-3）［2020-2-27］.http：//www.gov.cn/zhengce/zhengceku/2020-02/21/content_5481750.htm.

强化政策引导。发挥资助奖励、考核评价等政策在推进改革、指导工作中的重要作用，建立并不断完善有利于提升专利质量、强化转化运用的各类政策和措施。

（三）主要目标

到 2022 年，涵盖专利导航与布局、专利申请与维护、专利转化运用等内容的高校知识产权全流程管理体系更加完善，并与高校科技创新体系、科技成果转移转化体系有机融合。到 2025 年，高校专利质量明显提升，专利运营能力显著增强，部分高校专利授权率和实施率达到世界一流高校水平。

二、重点任务

（一）完善知识产权管理体系

1. 健全知识产权统筹协调机制。高校要成立知识产权管理与运营领导小组或科技成果转移转化领导小组，统筹科研、知识产权、国资、人事、成果转移转化和图书馆等有关机构，积极贯彻《高等学校知识产权管理规范》（GB/T 33251—2016），形成科技创新和知识产权管理、科技成果转移转化相融合的统筹协调机制。已成立科技成果转移转化领导小组的高校，要将知识产权管理纳入领导小组职责范围。

2. 建立健全重大项目知识产权管理流程。高校应将知识产权管理体现在项目的选题、立项、实施、结题、成果转移转化等各个环节。围绕科技创新 2030 重大项目、重点研发计划等国家重大科研项目，探索建立健全专利导航工作机制。在项目立项前，进行专利信息、文献情报分析，开展知识产权风险评估，确定研究技术路线，提高研发起点；项目实施过程中，跟踪项目研究领域工作动态，适时调整研究方向和技术路线，及时评估研究成果并形成知识产权；项目验收前，要以转化应用为导向，做好专利布局、技术秘密保护等工作，形成项目成果知识产权清单；项目结题后，加强专利运用实施，促进成果转移转化。鼓励高校围绕优势特色学科，强化战略性新兴产业和国家重大经济领域有关产业的知识产权布局，加强国际专利的申请。

3. 逐步建立职务科技成果披露制度。高校应从源头上加强对科技创新成果的管理与服务，逐步建立完善职务科技成果披露制度。科研人员应主动、及时向所在高校进行职务科技成果披露。高校要提高科研人员从事创新创业的法律风险意识，引导科研人员依法开展科技成果转移转化活动，切实保障高校合法权益。未经单位允许，任何人不得利用职务科技成果从事创办企业等行为。涉密职务科技成果的披露要严格遵守保密有关规定。

（二）开展专利申请前评估

4. 建立专利申请前评估制度。有条件的高校要加快建立专利申请前评估制度，明确评估机构与流程、费用分担与奖励等事项，对拟申请专利的技术进行评估，以决定是否申请专利，切实提升专利申请质量。评估工作可由本校知识产权管理部门（技术转移部门）或委托市场化机构开展。对于评估机构经评估认为不适宜申请专利的职务科技成果，因放弃申请专利而给高校带来损失的，相关责任人已履行勤勉尽责义务、未牟取非法利益的，可依法依规免除其放弃申请专利的决策责任。对于接受企业、其他社会组织委托项目形成的职务科技成果，允许合同相关方自主约定是否申请专利。

5.明确产权归属与费用分担。允许高校开展职务发明所有权改革探索，并按照权利义务对等的原则，充分发挥产权奖励、费用分担等方式的作用，促进专利质量提升。发明人不得利用财政资金支付专利费用。

专利申请评估后，对于高校决定申请专利的职务科技成果，鼓励发明人承担专利费用。高校与发明人进行所有权分割的，发明人应按照产权比例承担专利费用。不进行所有权分割的，要明确专利费用分担和收益分配；高校承担全部专利费用的，专利转化取得的收益，扣除专利费用等成本后，按照既定比例进行分配；发明人承担部分或全部专利费用的，专利转化取得的收益，先扣除专利费用等成本，其中发明人承担的专利费用要加倍扣除并返还给发明人，然后再按照既定比例进行分配。

专利申请评估后，对于高校决定不申请专利的职务科技成果，高校要与发明人订立书面合同，依照法定程序转让专利申请权或者专利权，允许发明人自行申请专利，获得授权后专利权归发明人所有，专利费用由发明人承担，专利转化取得的收益，扣除专利申请、运维费用等成本后，发明人根据约定比例向高校交纳收益。

（三）加强专业化机构和人才队伍建设

6.加强技术转移与知识产权运营机构建设。支持有条件的高校建立健全集技术转移与知识产权管理运营为一体的专门机构，在人员、场地、经费等方面予以保障，通过"国家知识产权试点示范高校""高校科技成果转化和技术转移基地""高校国家知识产权信息服务中心"等平台和试点示范建设，促进技术转移与知识产权管理运营体系建设，不断提升高校科技成果转移转化能力。鼓励各高校探索市场化运营机制，充分调动专业机构和人才的积极性。

支持市场化知识产权运营机构建设，为高校提供知识产权、法律咨询、成果评价、项目融资等专业服务。鼓励高校与第三方知识产权运营服务平台或机构合作，并从科技成果转移转化收益中给予第三方专业机构中介服务费。鼓励高校与地方结合，围绕各地产业规划布局和高校学科优势，设立行业性的知识产权运营中心。

7.加快专业化人才队伍建设。支持高校设立技术转移及知识产权运营相关课程，加强知识产权相关专业、学科建设，引育结合打造知识产权管理与技术转移的专业人才队伍，推动专业化人才队伍建设。鼓励高校组建科技成果转移转化工作专家委员会，引入技术经理人全程参与高校发明披露、价值评估、专利申请与维护、技术推广、对接谈判等科技成果转移转化的全过程，促进专利转化运用。

8.设立知识产权管理与运营基金。支持高校通过学校拨款、地方奖励、科技成果转移转化收益等途径筹资设立知识产权管理与运营基金，用于委托第三方专业机构开展专利导航、专利布局、专利运营等知识产权管理运营工作以及技术转移专业机构建设、人才队伍建设等，形成转化收益促进转化的良好循环。

（四）优化政策制度体系

9.完善人才评聘体系。高校要以质量和转化绩效为导向，更加重视专利质量和转化运用等指标，在职称晋升、绩效考核、岗位聘任、项目结题、人才评价和奖学金评定等政策中，坚决杜绝简单以专利申请量、授权量为考核内容，加大专利转化运用绩效的权重。支持高校根据岗位设置管理有关规定自主设置技术转移转化系列技术类和管理类岗位，激励科研人员和管理人员从事科技成果转移转化工作。

10.优化专利资助奖励政策。高校要以优化专利质量和促进科技成果转移转化为导向，停止对专利申请的资助奖励，大幅减少并逐步取消对专利授权的奖励，可通过提高转化收益比例等"后补助"方式对发明人或团队予以奖励。

三、组织实施

（一）完善工作机制。教育部、国家知识产权局、科技部建立定期沟通机制，及时研究高校专利申请、授权、转化有关情况。各高校要深刻认识进一步做好专利质量提升工作的重要性，坚持质量第一，积极推动把专利质量提升工作纳入重要议事日程，进一步提高知识产权工作水平，促进知识产权的创造和运用。其他类型知识产权管理工作可参照本意见执行。

（二）加强政策引导。将专利转化等科技成果转移转化绩效作为一流大学和一流学科建设动态监测和成效评价以及学科评估的重要指标，不单纯考核专利数量，更加突出转化应用。遴选若干高校开展专业化知识产权运营或技术转移人才队伍培养，不断提升高校知识产权运营和技术转移能力。国家知识产权局加强对专利申请的审查力度，严把专利质量关。反对发布并坚决抵制高校专利申请量和授权量排行榜。

（三）实行备案监测。每年3月底前高校通过国家知识产权局系统对以许可、转让、作价入股或与企业共有所有权等形式进行转化实施的专利进行备案。教育部、国家知识产权局根据备案情况，每年公布高校专利转化实施情况，对专利交易情况进行监测。按照《关于规范专利申请行为的若干规定》（国家知识产权局令2017年第75号），每季度监测高校非正常专利申请情况。对非正常专利申请每季度超过5件或本年度非正常专利申请占专利申请总量的比例超过5%的高校，国家知识产权局取消其下一年度申报中国专利奖的资格。

（四）创新许可模式。鼓励高校以普通许可方式进行专利实施转化，提升转化效率。支持高校创新许可模式，被授予专利权满三年无正当理由未实施的专利，可确定相关许可条件，通过国家知识产权运营相关平台发布，在一定时期内向社会开放许可。

教育部　国家知识产权局　科技部
2020年2月3日

附录四　国家知识产权试点示范高校建设工作方案[*]
（试行）

为有效发挥知识产权激励创新的制度作用，大力提升高校知识产权管理能力，切实提高高校的创新质量和效益，持续推动高校高质量发展，国家知识产权局、教育部决定联合开展国家知识产权试点示范高校（以下简称"试点示范高校"）建设工作，特制定本方案。

一、总体思路

（一）指导思想

以习近平新时代中国特色社会主义思想为指导，统筹推进"五位一体"总体布局和协调推进"四个全面"战略布局，牢固树立和贯彻落实新发展理念，坚持稳中求进和高质量发展，充分发挥知识产权制度供给和技术供给作用，加快建设一批知识产权高质量创造、高效益运用、高标准保护、高水平管理的国家知识产权试点示范高校，发挥引领带动作用，推动高校创新和世界一流大学、一流学科建设，切实增强高校服务经济社会发展能力，为创新驱动发展战略实施、加快建设知识产权强国提供有力支撑。

（二）基本原则

——深化改革创新。发挥创新引领发展第一动力的作用，以完善知识产权管理体系为改革突破口，以提高知识产权质量和效益为着力点，处理好高校知识产权数量、质量与效益的关系，以知识产权分级分类管理优化存量，以专利导航分析布局做强增量，强化知识产权保护，进一步创新政策体系和绩效评价，推进高校知识产权工作理念创新、制度创新和管理创新，满足新时期高校高质量发展需求。

——完善体制机制。发挥市场在资源配置中的决定性作用，落实扩大高校科研自主权要求，鼓励高校强化优势特色学科与产业发展的深度融合，进一步完善知识产权权益分配的制度体系和激励机制，突出创新全过程的知识产权制度运用和权利经营，推动创新要素自由流动，实现创新资源集聚，释放和激发创新活力，促进创新成果价值实现。

---

[*] 国家知识产权局办公室，教育部办公厅.关于组织开展国家知识产权试点示范高校建设工作的通知[EB/OL].（2020-02-24）[2022-09-20].http://www.moe.gov.cn/jyb_xxgk/moe_1777/moe_1779/202003/t20200303_426871.html.

——强化分类指导。面向不同类型、不同特点的高校，制定并实施层次化、精细化、项目化的"政策包"，国家知识产权示范高校（以下简称"示范高校"）由国家知识产权局和教育部总体统筹与地方联动培育相结合，国家知识产权试点高校（以下简称"试点高校"）由省级知识产权管理部门和教育主管部门基于区域特色和高校需求合力开展培育，加强分类指导、分类施策。

——发挥引领作用。加强知识产权政策先行先试，鼓励高校形成适应自身高质量发展需求的制度体系和管理模式，探索"质量第一、效益优先、管理支撑、服务专业"的发展路径，形成可复制、可推广的经验，切实发挥试点探索、示范带动作用。

（三）总体目标

强化高校知识产权高质量创造、高效益运用、高标准保护、高水平管理能力建设，建设50家左右凸显知识产权综合能力的示范高校，培育一批彰显知识产权特色和优势的试点高校，在若干关键核心技术领域形成一批高价值知识产权组合，培养一批既了解高校科研管理又熟悉知识产权管理和运营的高水平人才队伍，知识产权推动高校创新发展的动力明显增强，支撑高校高质量发展的价值充分显现，对建设世界一流大学、一流学科的贡献度显著增长。

二、主要任务

示范高校应全面提升知识产权高水平管理、高质量创造、高效益运用、高标准保护能力，形成知识产权综合优势。试点高校应基于自身基础和发展战略，以知识产权管理能力提升为基础，在知识产权"质量、效益、保护"任一方面形成专项特色或综合优势。

（一）着力提升知识产权高水平管理能力

1. 健全知识产权管理协调机制。建立健全校党委常委会、校长、知识产权管理委员会（科技成果转移转化工作领导小组）、知识产权管理机构、知识产权运营机构、院系、项目组等多层级联动的知识产权管理体系，加强知识产权服务支撑机构建设，完善校主要领导负责、各部门分工合作的知识产权统筹协调工作机制，已成立科技成果转移转化工作领导小组的高校，应进一步优化职能，将知识产权管理工作一并纳入科技成果转移转化工作领导小组职责。知识产权管理机构要配备充足的专职人员承担知识产权管理工作。

2. 强化知识产权全流程管理。贯彻实施《高等学校知识产权管理规范》（GB/T 33251—2016）国家标准，结合高校知识产权管理现状和需求，明确与高校战略目标相一致的知识产权工作目标，建立科学、规范、系统的知识产权管理体系，确保知识产权管理活动的适宜性和有效性。建立健全知识产权文件管理、组织管理、资源管理、获取、运用、保护、资产、检查和改进等制度。

3. 强化高校绩效考核的知识产权导向。倡导建立知识产权转化运用与职称评定、岗位聘任、人才评价、绩效考核等相挂钩的评价指标体系，突出创新成果知识产权转化运用的结果导向和实绩导向，将知识产权绩效评价纳入高校绩效考评的指标。以质量为导向优化调整知识产权资助和奖励政策，推动建立专利申请费、授权费和维护费等各项费用的后补偿机制。优化知识产权管理人员、运营人员、知识产权专员的人才培养、使用和评价体系，拓展发展空间。

（二）着力提升知识产权高质量创造能力

1. 建立专利导航工作机制。建立专利导航工作体系和管理制度，在科学研究、产业规划和专利运营等工作中，通过专利信息深度挖掘和有效运用，明晰产业发展格局、技术创新方向和研发路径，提高研发创新起点，做好专利精准布局，大力推行以获取产权为目标的技术创新。参照《产业规划类专利导航项目实施导则（暂行）》和专利导航指南、标准等实务规范，选取2个以上重点学科、重大科研项目开展专利导航工作实践，充分发挥高校知识产权信息中心、图书馆等信息服务部门和知识产权专员队伍作用，为专利全寿命周期管理提供服务支撑。

2. 在关键技术领域培育一批高价值知识产权组合。强化高校优势特色学科与产业发展深度融合，面向国家战略需求重点领域、战略性新兴产业，协同企业、科研机构等开展订单式研发、投放式创新。围绕人工智能、智能制造、生物医药、半导体等世界科技前沿和制约我国发展的"卡脖子"技术，依托国家重大科技产业项目、重点研发计划，提早谋划知识产权运营策略与规划，开展重大基础核心专利和软件著作权、植物新品种权布局，培育一批战略性高价值知识产权组合，形成与高校创新能力、技术市场前景相匹配的知识产权储备。

3. 建立知识产权质量管控和转化评估机制。建立由研发、知识产权管理、知识产权运营、市场开发、知识产权信息服务、法律服务、代理服务等多方组成的知识产权质量管控和转化评估团队。在技术交底、代理沟通、申请提交、保护维权等环节建立质量评价反馈机制，提升高校知识产权的权利稳定性。建立职务发明披露和评估机制，根据商业化前景确定知识产权布局方式，提早研究制定转化策略并进行市场推广。经评估认定难以转化或不具备商业化前景的，可按照合同自治原则，约定由科研团队自行申请、拥有并处置知识产权。

（三）着力提升知识产权高效益运用能力

1. 探索知识产权承接转移新模式。根据高校创新条件和发展的客观情况，加强高校科研、财务、法务、资产、信息服务、产业等部门的协同联动，倡导建立知识产权管理、技术转移转化、投资经营等功能为一体的知识产权承接转移模式。积极推动高校知识产权许可和转让，其中许可应明确许可的方式、范围、期限等，要充分发挥技术经纪人作用，加强科研项目成果的承接转移。探索建立市场化的知识产权运营中心，集成产业、资本和服务资源，促进知识产权投资孵化和高端运营。鼓励高校在优势学科领域牵头组建产业知识产权联盟，构建和运营专利池，推进知识产权打包许可和协同运用。

2. 完善知识产权收益分配激励机制。落实赋予高校知识产权管理运用自主权，完善职务发明收益分配制度，建立兼顾学校、院系、科研团队、运营团队各方利益的知识产权收益分配激励机制。稳步推进科技成果权属改革试点，对于接受企业、其他社会组织委托项目形成的职务发明，允许合同双方自主约定知识产权归属和使用、收益分配等事项；合同未约定的，职务发明由项目承担单位自主处置，允许赋予科研人员所有权或长期使用权。对利用财政资金形成的职务发明，由高校按照权利与责任对等、贡献与回报匹配的原则，在不影响国家安全、国家利益、社会公共利益的前提下，探索赋予科研人员所有权或长期使用权。

3. 建立效益导向的知识产权分级分类管理机制。对知识产权质量、技术先进性、市场应用前景等方面进行综合分析和评估，形成分级分类的知识产权清单，并予以分级分类管理。鼓励高校创新知识产权许可模式，盘活存量闲置专利等知识产权，依托国家知识产权运营公共服务平台及有关运营中心，发布和推广高校授权后三年无正当理由未实施的专利等知识产权，在一定时期内向社会免费许可。

（四）着力提升知识产权高标准保护能力

1. 加强高校知识产权的规范使用。规范使用校名、校标、校徽、域名及有关服务标记，确保高校品牌在推广传播过程中不断提升价值。规范著作权使用和管理，加强学位论文和毕业设计的查重检测工作，在符合保密要求的前提下，明确教职员工和学生在发表论文时标注主要参考文献、利用国家重大科研基础设施和大型科研仪器情况的要求。加强合同中的知识产权管理，特别是在许可或转让知识产权过程中应签订书面合同，明确合同相关方的权利和义务。

2. 有效管理高校知识产权资产。高校应将知识产权纳入资产管理体系，建立知识产权资产评价和统计分析体系，科学核算和管理高校知识产权资产，完善高校知识产权资产处置机制，有效维护高校知识产权权利稳定，充分体现高校创新成果的知识产权资产价值，确保高校资产保值增值。

3. 提升知识产权风险防范能力。及时发现和监控知识产权侵权风险，制定有效的风险规避方案，加强知识产权信用建设，建立知识产权纠纷应对机制，运用行政裁决、司法诉讼、仲裁、调解等多元化的争议解决方式，降低对高校声誉的不良影响。加强学术交流中的知识产权管理，避免高校知识产权流失。

三、保障措施

（一）加强组织领导。国家知识产权局和教育部建立定期沟通机制，加强重大政策落实,指导和督促试点示范高校认真抓好重点工作任务落实。各级知识产权管理部门和教育主管部门要高度重视,协同联动,加大支持力度,加强对试点示范高校的指导和服务,帮助试点示范高校解决知识产权痛点、难点问题。

(二)加强政策引导。推动将试点示范高校知识产权工作作为"双一流"建设成效评价的重要内容,同时纳入有关科研平台建设绩效考核评价体系。支持试点示范高校纳入相关知识产权保护中心快速预审备案名单目录,完善快速授权、确权、维权一站式服务机制,大幅提升在重点产业领域中知识产权创造和保护的效率。各级知识产权管理部门和教育主管部门要协调当地有关部门因地制宜,探索建立各具特色的高校知识产权培育政策体系。

(三)加强项目支持。国家知识产权局遴选重点示范高校派驻知识产权专家。支持示范高校直接申报中国专利奖,在原有基础增加1—2个申报限额。支持试点示范高校战略性高价值专利组合纳入国家知识产权运营公共服务平台项目库,开展专业服务和综合运营。优先将试点示范高校的前沿科技产业化项目纳入科技成果转移转化基金和重点产业知识产权运营基金备投项目库。支持国家专利导航项目(高校)研究和推广中心为试点示范高校提供咨询、培训和辅导等服务。各级知识产权管理部门和教育主管部门在组织实施教育、科技、知识产权等项目中,要向试点示范高校倾斜。建立重点联系和跟踪服务机制,支持试点示范高校重大基础核心专利布局,培育战略性高价值专利组合。

(四)加强人才培养。建立试点示范高校知识产权人才分级分类培训体系和交流机制。面向试点示范高校建立高校知识产权专家库。国家知识产权局和教育部面向示范高校知识产权管理人员、运营人员、知识产权专员等开展多层次、精准化知识产权研讨与培训。各级知识产权管理部门和教育主管部门面向试点高校知识产权管理人员、运营人员、知识产权专员等开展知识产权研讨与培训。支持各级知识产权培训基地大力培养高校知识产权人才。

(五)加强经验推广。各试点示范高校在落实中央决策部署,有效发挥知识产权制度激励创新的基础保障作用中的创新做法、重大进展,以及出现的新情况、新问题要及时报告国家知识产权局、教育部。对于试点示范高校可复制推广的政策措施、经验做法和优秀案例,将向全国高校推广,发挥试点示范高校的辐射带动效应。

四、组织管理

国家知识产权局知识产权运用促进司、教育部科学技术司共同负责高校试点示范的组织管理工作。工作程序如下:

(一)提出申请

申报试点高校应具备以下基本条件:

1. 重视知识产权工作,设置了专门的知识产权管理机构,配备专职人员,设有知识产权专项经费。

2. 具有一定的学术积淀和较明显的学科资源优势，学科特色突出。

3. 创新能力较强，具有一批高质量发明专利；或拥有高质量的图书音像、影视音乐、工艺美术等版权作品；或拥有一批植物新品种等其他类型知识产权。

4. 形成产学研合作工作机制，知识产权运用工作和成果转移转化具有一定特色，产生了较好的经济效益和社会效益。

申报示范高校具备以下基本条件：

1. 高度重视知识产权工作，具有较为规范的知识产权管理体系，拥有较高水平的知识产权管理和运营人才队伍。

2. 入选"双一流"建设高校，具有较强的学术积淀和学科资源优势，创新能力强，拥有高质量的知识产权储备。

3. 产学研合作工作机制顺畅，知识产权运用工作和成果转移转化效果明显，服务国家、区域重大战略实施、重点产业发展贡献突出，产生了显著的经济效益和社会效益。

高校可根据基础条件，自愿申报试点高校或示范高校。教育部直属高校和其他部委直属高校向国家知识产权局、教育部分别提交申报材料。地方高校向其所在地省（区、市）知识产权局（知识产权管理部门）、教育厅（委、局）分别提交申报材料；各省（区、市）知识产权局（知识产权管理部门）、教育厅（委、局）共同对申报材料组织专家委员会进行评审，联合行文择优分别推荐至国家知识产权局和教育部。申报与推荐截止时间为每年4月底。

获得过"全国企事业知识产权示范单位""全国企事业知识产权示范创建单位""全国企事业知识产权试点单位""国家专利协同运用试点单位"或"高等学校科技成果转化和技术转移基地"称号的可优先申报。

（二）集中评定

国家知识产权局、教育部组织相关领域专家进行集中评定，择优选择部分申报单位分别确定为国家知识产权试点高校和国家知识产权示范高校，并发文公布，试点和示范工作有效期均为3年。

（三）年度报告

各试点示范高校每年度结束后（以自然年度计算）30日内向国家知识产权局、教育部报送年度工作报告，包括年度工作情况、创新举措、工作成效、下一步工作计划等。

（四）考核和复验

各试点示范高校满3年后，由国家知识产权局、教育部组织专家委员会进行考核和复验。主要依据是年度报告资料。试点高校通过考核的，开展新一轮试点工作；试点成效较好的，可自愿申报示范高校。无故不参加考核，或者未通过考核的，退出试点序列。

示范高校通过复验的，保留国家知识产权示范高校称号（有效期3年）；未通过复验的，取消国家知识产权示范高校称号。